打開德國說亮話！

守規矩卻愛插隊、嗜吃生豬肉、不在計畫內就抓狂，

旅歐文化觀察家的第一手現場筆記

第三章　德國潛規則

第四章 跟德國人打交道

第五章　德國日常不平常

第六章 在德國養小孩

推薦序

新鮮有趣！開啟新世界大門

在閱讀琵雅諾的《打開德國說亮話》一書，我不禁想起了自己在二〇〇九～二〇一〇年環遊世界五大洲的日子。其實背包過客跟在地生活的人，感觸真的截然不同，甚至看完書後讓我非常震撼！「原來這才是真的德國啊！」例如非常注重通風，但是天冷開窗、天熱關窗的「通風學」；或者生日不能提前慶祝；還有看完書後我馬上問自己公司的律師，是否可以幫我的房客保第三責任險等等，這些都是當時短暫在德國的我所不知道的事情。

十年前，我當時環球旅遊，在德國居住一個星期，可能因為當時亞裔女孩獨自沙發衝浪旅行不多，所以遇到很多熱情的德國朋友，當時膚淺的印象中就只有「啤酒超好喝，大叔很熱情都請我喝酒」（笑）。另外，我在看這本書的時候，也一直想到自己在東京擔任網路運營主管的職場狀況，其實德國很多地方類似日本需要「讀空氣」的潛規則，只是或許沒有東京的壓抑與階級分明（個人主觀經驗）。

在看《打開德國說亮話》的過程中，好幾次書中片段常常令我會心一笑，並且忍不住脫口說出：「什麼！德國人居然會這樣！」我也覺得這本書很適合在有疫情的二〇二〇年，每天睡前翻閱一點，並且去思考「生活」的意義是什麼？琵雅諾是個很活在當下的人，所以她能夠記錄下這些細膩的點點滴滴。如果沒有投入生活的人，是無法寫出這一切的！如果以一句話來形容這本書，琵雅諾讓我感覺「生活就是她藝術品創作的素材，並呈現給讀者欣賞。」看了很多書，此書也是少數可以讓我有一種開啟新世界大門的新鮮有趣感，會是我「留校察看」珍藏反覆閱讀的其中一本。

一書一頻道創辦人　梅塔 metta

作者序

這是我的德國，你的呢？

「你今天被罵了嗎？」在找資料時看到這句話，真的是一語中的。笑著笑著，想到這幾年的經歷，心裡也不免一陣酸。這不是剛到德國時我的寫照嗎？在滿是城堡，童話大道、羅曼蒂克大道的國家生活，應該和「幸福」相去不遠？但實際走過這一遭，實在很不容易！動筆寫書的過程，腦海也把這幾年的記憶又重新溫習了一次，真的是酸、甜、苦、辣，五味雜陳！

「罵」，可能形容的嚴重了點，但白眼、忽視、冷眼相待的經驗沒有少過。尤其是還不熟悉各式潛規則時，每天的生活總感覺有股隱形的壓力，動輒得咎，讓人開心不起來！這也是我起心動念想寫這本書的原因。希望大家有前車之鑑，能夠少吃一點苦頭，而在找資料的過程，發現原來我不是唯一！

不諱言，這是我個人的德國經驗。對我來說，德國有許多優於其他歐洲國家的居住條件，卻始終少了一點熱度和人氣。不過德國幅員廣大，東西南北風俗各異，我的經驗，不一定和你的相符。

和一些因為婚姻關係而移居到此地，或是仰慕德國學術而到這裡求學的人不同，我們在德國沒有熟稔當地文化的親人，也沒有朋友，凡事都得靠自己摸索。換了個語系、地理環境，什麼事都難一點。好幾個夜晚，我和外子反覆思量著，當初的決定是否正確？這裡，就是我們落地生根的家了嗎？我們無法肯定過去，也無法預測未來。日子一天一天過去，套句電視劇《一把青》師娘說的：「日子過了，就好了。」而日子，也真的一天一天越來越順遂。

開始熟悉，種種不明說的規則；開始知道，什麼時候要為自己據理力爭；開始學著，冷清的週日、假期該怎麼度過；開始學著，早早吃晚餐，早睡早起。德國的生活沒什麼不好，但不只是我們，連德國人都給我一種不快樂的感覺。

在德國生活越久，越能感受那種隱形的社會壓力，同在一條船上的人們，操槳的角度都得絲毫不差。

於是，無限速公路不只是道路，也是一個出口。在這個時刻，可以不受限地恣意奔馳，盡情宣洩。也難怪，他們誓死捍衛無限速的存在。在這裡住越久，越了解他們的文化，反而同情起他們來，在光鮮的外表下，德國人也是在不變的日常裡，努力地過日子。

長住歐洲的我，一直很想寫關於歐洲生活文化觀察主題的書，感謝編輯讓我心想事成。還要特別謝謝遠在地球另一端的媽媽，因為她無私的愛與包容為後盾，才讓我無後顧之憂，擁有闖蕩天涯的勇氣。

接下來，就讓我們一起，打開德國，說亮話！

琵雅諾

前言

在德國就是要很德國！

到德國生活，並不是生涯規劃的一環。原本生活在歐洲小山國安道爾的我們，因為外子魚先生有一個很好的工作機會，所以舉家遷移到德國。不過從面試到應聘，只有短短兩個月的時間。轉眼間，我們得離開語言、文化都很熟悉的地方，到兩個人都不熟的第三國落腳。

雖然一切措手不及，但我們仍是滿心期盼。在安道爾，我倆都有不錯的工作，生活雖然悠閒舒適，但畢竟是迷你小山國，無法及時跟上外界的腳步，較適合退休養老，或養小孩。以前到德國旅遊，對這個國家留下很好的印象。有很多漂亮的景點和特色城堡，食物普通了點，但說英文會通，接觸過的人普遍也很親切。我們期望在德國能有更豐富的生活經驗，能結交來自不同生活背景的人，但抵達德國之後才發現，一切沒有想像的那麼簡單！

我們習慣統稱歐洲人如何如何，但實際上，歐洲各國之間的生活還是不太一樣。同一語系的國家，例如拉丁語系的法國、西班牙、義大利三國，差異比較小；換個語種，整個生活方式很可能難以適應。對我們來說，德國就是屬於後者。

在德國居住的這些年，磕磕碰碰地建立起我們的生活。在這裡住越久，越發覺得，德國好比歐洲的日本。兩者同樣背負著戰爭的歷史原罪，經濟上在歐亞兩洲獨佔鰲頭；更重要的是，兩國的社會同樣有張隱形的網，指引、束縛著人們，又確保整體運行無誤。日本人素以謹守份際、嚴謹出名；德國人被規矩制約的民族性，也不遑多讓！

德國的社會，一直都深受普魯士王國流傳下來的「Prussian virtues」（普魯士道德觀）影響，其中又以勤奮工作、守時，以及維護秩序這三項價值最被推崇，造就了德國，一個很日本的歐洲國家。但這些價值，卻如同不再準時的德國火車，一點一滴流失。同時間，人們又想抓住點什麼，撐住老祖宗奮鬥而來昔日的榮耀。在這一來一往之間，德國人，其實很矛盾！

因為歷史的責任，使得強龍不能強出頭！德國人還是非常以自己的歷史、文化、語言為傲。他們也想像美國人一樣，肆無忌憚地表現自己，但補償、贖罪的責任感，小心地掩蓋了優越。有志難伸的他們，只能在管轄範圍內的外國人身上，恣意地展現自己。**「要在德國生活，就得和我們一樣，說德文、維護秩序、遵守規矩……。」換言之，在德國就是要很德國。**

幾年下來，不能說自己變得很德國，但至少對於遊戲規則有一定的認識，不至於還沒出場就被擊斃！德國居，不容易。**德國生活，和你想像的，絕對不一樣！**

1

關於德國人

德國很有效率?!

預約的時間已到，但前面那位還沒進去，心裡就有要再等下去的準備。沒有電子叫號看板，沒有親切奉茶請你稍等，只有前方一扇扇緊閉的門，大夥站在狹小的走廊，等著被召喚。好不容易輪到我，對辦公室的第一印象是：好陽春。小小的房間裡擺著兩張桌子，唯一和科技沾上邊的，只有桌上的電腦。把填好的申請表交給辦事員，他一欄一欄和我確認資料，遇到不確定的地方，起身走到隔壁辦公室，和同事討論、確認，再將需要的證件、文件一一列印、複印完成，拿出一個資料夾，把全部的資料放進去，轉身放進檔案櫃。最後和我握手，堆起笑容說：「歡迎來到德國！」

沒錯，這裡是德國。

從外國人的角度看德國，怎麼看都覺得它是個有效率的國家！但實際訪問住過德國的人，十個可能有八個不太同意。甚至覺得德國效率，已經變成德國笑話！每次回台灣，感受特別深。在台灣一天可以做的事，在德國可能要個把月。不說什麼，光是預約個醫生，約到一個月、六週後很正常！

為什麼現實和印象有如此大的差距呢？其實，**德國很有效率沒錯，但它的效率，建立在一切都按照規劃進行上，只要稍有差池，狀況就會變得很複雜、時間拖得很長**。好比一列火車行駛在軌道上，沒有意外的話，可以按照時程、很迅速地抵達，但如果中間有事故或不在預期的延誤，整個行程就會大延遲。為什麼無法及時處理？**因為對於「不在預期」中發生的事，凡事需要預先計畫的德國人，很難有立即的反應與處理**。換句話說，他們很沒有彈性，在密密麻麻工作手冊裡找不到的資訊，就是兩手一攤，「臨場反應」沒有輸入在腦袋裡，一切照規矩來。因此，如果你在誤點時，試圖向站務員問原因，或是尋求協助，通常徒勞無功，因為這不是他們預期中會發生的事。

在台灣點東西，是一口氣把想要的商品說完，例如：一杯大美式去冰，中杯拿鐵加糖、珍奶三分糖半冰……之類，店員完全面不改色，像八爪章魚般，在極短的時間內記下你點的東西。在德國如果做同樣的事，會換來一張眼睛和嘴巴都張的特大、腦袋像瞬間當機的臉，他們得要一件、一件事情來。在麵包店，你想買三種不同的麵包，即使一種只需要一個，都必須等店員把第一種麵包包好，再說下一種。整個步調就是慢、慢、來，他們認為這樣能避免忙中有誤，能紮實把事情做好。多工處理，只會讓他們不知所措！

德國效率的邏輯，是整體規劃好，一步一步照著做，便會得到想要的結果。

一項計畫，他們會花時間在事前規劃，等步驟、程序都弄好，再開始執行。而我們會將大方向定出來，前一兩項步驟定好，便開始執行。前者在遇到問題時會全盤停止，從頭至尾仔細研究，哪個環節有誤，然後再繼續；我們則早已預期可能會有錯誤發生，邊做邊修改即可。哪一個做法比較好，很難說；哪一個比較迅速，很可能是後者。

我家附近有個地鐵的地面站，某年將近冬天時搭起圍籬，要將原本在地面的車站，改建成一公尺高。這一動工，不誇張，直到整個完工耗時約一年。我每天上下班觀察，進度和螞蟻搬家差不多。一週工作五天，下雨天部分工程無法施工，假期時不施工，不施工的時間快和施工的時間差不多，我們覺得不可思議，他們認為這很正常。

每個社會的運行，都有其規則。就像越南或印度的交通，不知規則的外國人寸步難行，還可能造成事故；但當地人卻能在極短的時間內，將你從甲地，毫髮無傷地送到乙地。而德國社會則像是精密的齒輪，一個套著一個轉動，在裡面的人，必須要熟知運作的規則。只要你對規則上手，便如魚得水，一切都很有效率。所以，拋開你隨性的習慣，打開你的記事本、電腦行事曆，想順利搬進新家？兩個月之前開始預約送貨、一個月前約好網路申請；想在預計的時間去度假，新年假期完回公司上班的第一件事，和同事協商這一年的排假；想解除合約，得提前二至三個月告知……。

凡事未雨綢繆、超前部署，你會發現，德國的效率，真的還滿不錯！

德國人節儉：我吝嗇我驕傲！

一群朋友一起吃飯，大夥各點各的，不分食。結帳時，服務生走到桌邊，拿起紙筆，根據每個人點的東西，算好應付的金額，這是德國餐廳再平常也不過的景象。辦公室一起叫外送，吃飽喝足後，大家拿起帳單分錢，一塊五毛毫不馬虎，就連五歐元（台幣不到兩百元），沒現金還用「paypal」轉帳。對我們來說，沒必要算得這麼清楚。如果金額不大，我們習慣這次我付、下次換你。但**對德國人，一方面是公平，互不相欠；另一方面是節儉，連小錢都要算清楚**。

不只跟朋友是如此，假設一個德國男生邀請妳吃飯，選的餐廳不錯，聊的氣氛也很愉快，感覺有繼續交往的可能。稍晚，帳單來了，乾脆一點的可能說一人出一半，有的甚至算起自己點了什麼。別懷疑，剛剛的美好不是假象，也不是妳自作多情，而是在德國邏輯裡，各付各的很正常。

同樣是世界經濟強國，美國文化推崇「Greed is good.」（貪婪是好的。）他們鼓勵消費，覺得有慾望，才會使人想進步、想突破，是驅使經濟前進的動力。但德國卻相反，一家電器連鎖商 Saturn 大膽推出一個廣告口號：「Geiz ist geil」（吝嗇很酷。）完全擊中德國人骨子裡節省的靈魂，從二〇〇二到二〇一一年，九年間屹立不搖，成功為該公司帶來大筆商機。這句口號，合理化大家省錢的心態，「我吝嗇我驕傲！」品質、使用年限、外觀都不重要，給我最便宜的商品就對了。

德國人為何這麼節儉？

或許是因為第二次世界大戰的關係，德國人很缺乏安全感，尤其對於金錢，他們非常保守，無法承擔任何一點風險。馬丁路德曾說過：「存一分錢好過於賺一分錢」。德國人對此奉行不悖。尤其二戰後百廢待舉，人民需要重新打造自己的家，那段苦日子深深印在上一代的腦海裡。有同事就說，他的奶奶一直告誡他們，東西能用就繼續用，用到不能用了才能換新。**這種節儉的習慣，讓德國人普遍愛物惜物**。我們覺得撿東西有點丟臉，他們認為環保的理所當然。

走在路上，三不五時會發現人行道上有些物品，寫著「Zum verschenken」贈送，想要的人可以自行帶走。對於不需要的物品，認為與其丟棄成為垃圾，不如給有需要的人，延續物品的使用年限，更環保！每個月的某一天，是統一收廢棄物的日子。大家把大型家具、電器、舊物品等放置屋外，等著清潔隊來收。但常見有人搶先一步，在其中挑選需要的物品帶走。臉書也有很多二手買賣、交換或是免費贈送的社團，裡面常能挖到好東西。週末假日，逛跳蚤市場更是項休閒活動。只要繳一點錢就能擺攤，認真挑貨、殺價的人可以滿載而歸。而且旁邊少不了賣香腸、炸物的餐車，血拚之餘肚子也不會餓到。

大家覺得德國人有錢，但**基本上，德國的生活型態，就是簡樸二字**。

住家除了少部分「好野人」，例如我們的第一個房東，家裡像電影豪宅場景一樣之外，大多數都是擺設簡單，但整理得很乾淨舒適；吃得也很簡單（早、晚餐只吃麵包）；穿衣服最受歡迎的品牌是 C&A 跟 H&M；買東西精打細算，善用集點回饋折扣，少用信用卡；休閒活動往戶外跑，爬山健行、騎腳踏車。外人看起來，他們生活的很好，的確如此，只不過這種好生活，並非建構在很有餘裕的物質生活上。套句我們的成語，德國人很「知足常樂」，有多少錢做多少事，不打腫臉充胖子。有能力開名車、穿戴名牌很好，但並不會因為這樣讓人尊敬或羨慕。

節儉不只是一種生活習慣，德國的稅制，也間接獎勵企業節儉。新購入的機器，依據種類有不同的報稅年份，比如某台機器可以分十年報支出，但這期間不能汰舊換新。原本應該是個立意良好的規定，但像我的婦產科診所，機器部分功能故障，無法列印超音波照片或聽寶寶心跳，醫生還是繼續使用；想節省擦拭用紙巾的開銷，用環保的說法請病人自備毛巾。這種節儉法，沒有點心理準備，還真難接受啊！

在德國，就要會說德文！

幾年前，一個法國朋友跟我說，他真心認為台灣很好。因為初到台灣的第一晚，完全不會中文的他，居然能靠著比手畫腳（老闆年紀有點大，英文也不通）和店家、路人的幫忙，在新店的小店買到需要的床組，覺得很不可思議！在法國，不會法文，很多事都難辦！這是我們的人情味，也是我們會站在別人角度設想的貼心。

還記得到德國三個月、安定下來後，接到一個為期一週的展場接待工作。能賺外快當然很開心，但首先得要拿到稅號。初生之犢不畏虎的我，仗著自學的一點德文基礎，單槍匹馬去相關機構辦理。那天剛好沒什麼人，辦事員問的問題也不難，我都能一一回答。程序走完，等領件的時候，看到桌面上有張公告，翻譯成各國語文（中文也在內），寫著：**「如果你無法用德文對答，請帶翻譯陪同，否則不受理。」這是我第一次感覺到，說德文對生活在德國有多麼重要！**

越過德國的邊界，就是要說德文！

初到德國辦居留時，真的一句德文都不會，不過有魚先生（作者的先生，以下以魚先生稱呼）的同事陪同，一切很順利，那位辦事員不介意有時用英文和我溝通。後來才知道，我們是遇到天使。一個美國朋友說，她為了能用英文溝通，還特地約了「英文時段」，但當場還是沒人會說英文，對方更表示，要有會說英文的人需要額外付費。這都不打緊，很多去公家機關辦事的人都被告知，**政府規定辦事員都不能說英文，只能用德文**。我完全能理解且贊同，你住在當地，應該說當地語言的觀念，但現實面就是有難度，因為德文和中文一樣，都不是馬上能上手的語言。但就像他們對於規矩的堅持，對於語言也一樣。

拿看醫生為例，英文學了那麼久，才覺得用英文看醫生沒問題，所以刻意找能用英文溝通的醫生，比較安心。但，連幫我產檢的醫生，三不五時都會說，「來德國多久啦？如果住在德國，就要會說德文……。」醫生你會不會管太多？我們是來看醫生，不是來聽你強調說德文的重要。一年半載就能用德文看醫生，那資質真的要很好，我們可能做不到！

基於對當地人的尊重，雖然德文程度不是很好，我一定先和對方說德文，真聽不懂，才禮貌地問能不能用英文？但德國人不會因為你說德文，就給予讚美，反而還常常被糾正。

印象至今仍很深刻。有次去麵包店，說要某種麵包（德國麵包百百種，名字都不同），店員是位中年婦女，她先是眉頭一皺，對著我一直蛤？我重複了兩三次，她才恍然大悟，用大聲且誇張的語氣重複了那個字，好似我之前講的是外星語。仔細一聽，我只不過沒有把單數變成複數，當下真覺得有必要這麼誇張嗎？

事實上，德文因為區域性，有許多不同的方言和腔調。我們所謂的標準德文，主要以德國中部，漢諾威周圍方言為基礎。因此不是來自這地區的人，多少會有口音。不同區的人，也不見得能互相理解。德國人自己也常開這些人的玩笑，像南部的巴伐利亞，或是東邊的薩克森，常常被同事們拿出來講，也不管旁邊有些人正是從這些地區來的，真的是出了名的直言不諱！

當然，也不是沒遇過好人。我學的第一句德文就是：「我德文不太好，可以說英文嗎？」不知道是不是我太誠懇？遇到的人都不介意說英文，不過，都會先說自己英文不好。我們明明溝通無障礙，聽不出來哪裡不好啊？德國人普遍英文都很好，但不願意說英文；願意說之前，還要先打預防針說自己英文不好。是臉皮太薄？還是德文至上？這邏輯我到現在還想不通！

但邏輯是什麼不重要，重要的是，**對德國人來說，越過德國的邊界，就是要說德文。把德國學好再到德國，你的生活會順利很多。**

秩序就是一切！

「Order! Order! Order!」電視影集裡，法庭內群眾騷動時，法官會拿起議事鎚，邊敲邊喊：「秩序！秩序！秩序！」在德國，不會有人吶喊這兩個字，因為早已深深刻在德國人骨子裡。

以前的台灣，掛在嘴上的問候語是：「吃飽了嗎？」因為在那個年代，能吃飽就表示一切都好。在德國，問好的其中一個說法是：「Alles in Ordnung?」依字面翻譯是：「一切都井井有條嗎？」表示如果一切都在「秩序」上，讓人安心、一切都好。可見，秩序對他們有多麼重要。

大家知道，檔案夾是哪國人發明的嗎？沒錯，正是德國人。德文的檔案夾「Ordner」，跟「Ordnung」秩序，看起來是不是很像？檔案夾的發明，就是要方便人們有秩序地分類、歸檔文件。若不是極度推崇秩序的國家，怎會有發明這種東西的動機？

為了維持秩序，當然得要訂立規則，而不只是約定成俗。就像另一句德文「Ordnung muss sein」（必須要有秩序）。住公寓有公約，規定能不能曬衣服、烤肉、裝冷氣；三溫暖有使用規則；解除合約有規則……，如果有人想改變這個規則，可能會有新的規則，來否定想改變的規則。我常開玩笑說，**如果想搞瘋一個德國人，把所有的秩序、規則弄亂就對了！**

不過，生活在規則很多的國家，會有種壓力，因為就算不是刻意，也很可能在不知情的狀況下觸犯某條法則。偏偏德國人的本位主義，先入為主認定，你住在德國，就應知所有德國事，不會有絲毫的同理和讓步。**對於糾正不合規矩的行為，一定不吐不快，有話直說**。不相信的話，試著紅燈時走過馬路，你會感覺大家帶殺氣的眼神，全部投射在你身上。若現場剛好有小孩，婆媽們更會不客氣地向你大喊：「你在孩子面前做了壞榜樣！」如果運氣更差，還會收到罰單！別懷疑，他們不是陽奉陰違，就算是深夜四下無人，依舊會跟隨著小綠人的腳步。

有次我到同樣規矩很多的日本旅行，在公共澡堂做了不符禮儀的事，馬上有位日本太太來告訴我，她的態度很和善，完全是善意的提醒。當下我覺得有點不好意思，但非常感謝她。反之，當我們要搬離德國時，搬家工人把幾袋東西先放在卡車旁的人行道上，準備稍後一起放上車。樓下鄰居看到，怒氣沖沖地衝著工人罵。我真的不知道觸犯哪個法條，他明知道我們在搬家，東西不可能丟在那不管，加上我家前面的人行道，一天走過的人可能不到十個？無論是什麼原因，**我們認為可以有彈性的情況，德國人可能覺得法理不容！**

不過，有件我們很重視的事，德國人倒很輕鬆看待，那就是排隊。

不知道為什麼，德國人守規矩但愛插隊。在西班牙傳統市場買菜，櫃台前雖然沒有「一條」人龍，但後到的人都會先問，誰是最後一個，然後靜靜地等著。有幾次我忙著弄小孩，輪到我時，旁邊的人還會幫忙提醒。在德國剛好相反，最常發生在麵包店，因為開放式的櫃檯，哪裡都能站人。好幾次，我前面那位剛買完，旁邊不知從哪冒出個人，一個箭步上前，開始說他要什麼。有趣的是，店員也不管，哪位開口，他就幫哪位服務；而排在我後面的德國人，也都噤聲不語，好似整個世界只有我看到剛才的那一幕。**德國人愛糾正人的特質，插隊卻不包含在內**。可惜我的德文不好，被插隊只能啞巴吃黃蓮，後來我特地學了一句：「Ich bin dran!」（輪到我了！）凡是有人插隊，我就會搬出這句，對方也會收斂些。

不只是麵包店，機場、滑雪場、電影院等人多的地方，根本看不到隊伍，就是各憑本事，插隊對德國人來說，似乎不屬於破壞規矩的一部分。哪天他們看到我們的捷運，排隊進出站的隊伍，可能會覺得這是什麼奇怪的國家？

熱衷社團，同溫層的歸屬感！

有天從外面回家，在樓梯間遇見鄰居，提著球袋的他對我說，週五下午是桌球的時間，要打球去。聽起來是很平常的活動，有固定的運動習慣很好。但對德國人來說，這不僅是運動，因為打桌球而組成的「Verein」（Club 俱樂部），更是社交活動中很重要的一環。

大家可能不知道，德國人的祖先日耳曼人，很習慣獨來獨往，為了社交需求，還得刻意成立個協會，讓大家參與。一直到十七世紀，這種因為社交需求而成立的 Verein 越來越多，種類也多樣，例如語言協會、音樂協會等，後來又演變成沙龍型態，到現在五花八門的社團，真的是什麼都有，什麼都不奇怪。我們認為這種社團是玩票性質，有空去沒空就算了。但**他們可是非常認真的看待，不是什麼人隨便就能加入，一旦加入後，得完全投入才行！**

為什麼說要完全投入呢？每隔一陣子，附近的路上會出現規模不大的遊行。身為外國人的我完全是湊熱鬧，因為不清楚是為了什麼。但各個 Verein 穿著訂製的制服，許多小型軍樂隊演奏，一起走在路上好不風光。而要穿上那套制服，必須通過社團的檢驗，夠資格，花時間經營、培養，而非花錢買衣服了事。對於社團，他們真的是博感情。

寫到這裡，突然感覺德國的這種俱樂部，彷佛是大學跑社團的放大版。來自各地、不同背景的學生，為了認識更多朋友、拓展課外生活圈，而加入不同社團。學生參加社團，多少也是因為離鄉背井的漂泊，尋求一點同溫層的認同和舒適感。而德國人，又何嘗不是？在德國生活越久，越發覺得，在看似安逸、悠閒的生活下，他們其實有些孤獨。

德國人多麼愛參與Verein？根據二〇一六年的統計，有將近一半的德國人，加入至少一個社團，而全德國有超過六十萬個各式社團。有人開玩笑地說，只要有三個德國人聚在一起，他們就會成立一個社團。看這個數字似乎不假！**對他們來說，參與社團好比加入一個大家庭，有共同的興趣或理念，一起交流或為理念努力奮鬥。換言之，在社團裡他們可以獲得歸屬感。**

除了社團，「Heimat」（家園）對德國人來說，不只是個地點，也是另一個相當重要的歸屬。

德國人喜歡有歷史的東西，什麼都是老的好，老朋友、老家、古董車等。對他們來說，家和家鄉，永遠是那個充滿兒時記憶的地方，經年累月建立起來的連結，不會輕易的切斷。因為這樣，他們安土重遷。像我的幾個同事，住在離公司開車要一個多小時的地方，但他們寧願這樣通勤，也不願搬離原來的小鎮。這種習慣，也和德國幅員廣大，但經濟活動分散相關（註）。無論住在哪裡，都不難有工作機會，因此不需要往大城市集中搬遷。

這種特殊的屬性，對於外國人來說，卻是在德國生活最難的地方。**對德國人而言，朋友指的是一起長大、一起讀書的人；同事只在上班時互動，下班分道揚鑣**。外國人打不進圈子裡，連帶著生活在德國，也有著淡淡的孤獨。除非住在像柏林或法蘭克福，那些國際人士聚集的大城市，不然就得學著和德國人一樣，在各種不同的活動中，找尋自己的歸屬。

註：Frankfurt（法蘭克福）是金融中心；BMW總部在Munich（慕尼黑）；Stuttgart（斯圖加特）則有保時捷和賓士汽車總部；首都Berlin（柏林）是新創企業的中心；東部的Leipzig（萊比錫）和Dresden（德勒斯登）則是工業重鎮。還有很多小城市，例如蔡司鏡片的工廠設於Jena（耶拿）、Meissen（邁森）則是瓷器名鎮。

2

德國底下很多
新鮮事！

男女混浴?! 德式全裸三溫暖

歐洲在許多方面還是滿傳統，但對於男女身體的差異，倒是很自然地看待。法國、西班牙的海灘，女性上空稀鬆平常，某些區域甚至是全裸者專屬，大家走過旁邊的步道也見怪不怪，並不會投以異樣眼光。**德國人認為「Nudity」（全裸），是很自然地、解放身體的表現。甚至覺得在海邊、三溫暖或健身房浴室，這些地方原本就不需要穿衣服，全裸是「因地制宜」**。每年在 Hainich National Park（海利希國家公園），還有個特別的傳統，大家用裸舞一小時慶祝夏天到來。在歐洲這幾年，我學著入境隨俗，海灘上空已經不會尷尬，但要挑戰類似北歐出名的芬蘭浴，在密閉空間和陌生男子全裸相對，還是需要鼓起勇氣。

德國跨年習俗之一，是瘋狂放煙火、鞭炮，吵鬧整晚。這是以前遺留下來，用鞭炮、噪音來驅鬼的概念。現代人當然知道這無法驅鬼，但德國只有這天可以合法放煙火、鞭炮，年輕人都卯起來狂放，震耳的炮聲，整晚不絕於耳。有一年，我們不想被噪音轟整晚，決定到德國著名的溫泉小鎮 Baden Baden（巴登巴登）旅遊，準備過個溫馨且放鬆的年。

「Baden」在德語是「Bath」的意思，早在兩千年前，居民就已經發現這個地底下的寶藏，這裡的溫泉不僅能泡還能喝，且具有療效，因而成為歷代皇族的度假勝地，也讓這個黑森林的小鎮，搖身成為富裕的代名詞，雖然歷經戰火，還是可以看到各式美麗的房子。這裡有兩大溫泉中心，歷史悠久、建築美輪美奐的「Friedrichsbad」，和比較現代的「Caracalla Spa」。不敢一次下猛藥，我們選了部分區域可以著泳衣的 Caracalla Spa。

這間溫泉中心有兩層樓，一張入門票可以待上一整天。一樓可以著泳衣，設施和台灣 SPA 溫泉類似，有各式按摩水柱，和不同設計的泳池，還販賣簡單的食物。比較特別的是有戶外區，冬天呼吸著冷冽的空氣，身體泡著溫泉，一冷一熱，很特別的感覺。當日還不夠冷，如果遇到下雪天，就更浪漫了！體驗了各式按摩水柱、泡了各種按摩池，我們好奇傳說中全裸三溫暖是怎麼樣？

拾級而上，二樓門口貼著大大的告示，「三溫暖區域，請勿穿著泳衣。」鼓起勇氣、做好心理準備後推開門，兩旁有置物櫃，大家把泳衣脫下後放在這裡，之後就是一片光溜溜。雖然還是能帶著浴巾，但不分男女老少，都很自在、完全不遮掩地走來走去。說實話，一開始不覺得尷尬、害羞是騙人的，而且亞洲女性很少，很擔心會引來注目禮。沒一會兒就發現，我的擔心是多餘的。大家只管享受、放鬆，不太會注意身邊的人。其實，當大家都是裸體後，感覺人人平等，沒有誰吃誰的豆腐。我想參加天體營的人，大概也是這樣的心態。突破心理障礙後，我開始比較自在，倣法他們專心享受熱氣逼汗後的通體舒暢。

這裡的三溫暖，設有蒸氣室、烤箱、休息區、飲料吧，其實跟台灣一樣，差別只在於有沒有穿泳衣。我的體驗心得是，當每個人都赤裸裸時，完全不會有任何奇怪的遐想，一切都很平常，男性女性不過就是生理構造不同罷了。不過，也不是每個人都心態健康。我注意到有幾個亞洲男性，看起來像遊客，裹著浴巾坐在休息區裡，觀賞著來來往往的人，幾次不經意的眼神交會，讓我有點不舒服。

此外，烤箱在某些時段還會有「Show Time!」時間快到時，會發現大家紛紛往烤箱區移動，跟著走就對了。是怎樣的「show」呢？只見一位工作人員，把水澆在熱石頭上（時尚一點的還會加精油），接著用大扇子或大毛巾，使盡全身的力量煽風，讓熱氣在整個烤箱循環。這時烤箱溫度會上升，更加速排汗、排毒。因為會流汗，基於衛生，在烤箱裡雖然全裸，但要坐在自己的毛巾上。

為什麼德國三溫暖要全裸呢？大家一定想不到，主要是健康因素。他們認為穿著泡過池水的泳衣進三溫暖，池水中的氯，經由高溫揮發出來，對身體不好。也有人認為，烤箱就是要逼出汗，試想，穿著被汗水浸溼的衣服，不是很不舒服？不過，為什麼要混浴？就像我前面提的，他們對於裸體，真的是很平常心看待，到什麼程度呢？朋友之間會相約去三溫暖！說實話，在陌生人面前，我可以很自在；但在認識的異性朋友面前，絕對沒辦法！而且，他們也完全不介意自己的女友在哥兒們前全裸，這種修為，只能說非常「大氣」！

不過，德國人也不是完全天不怕地不怕，哪天如果在三溫暖遇到主管和主管老婆，可能遠遠看到就逃之夭夭！畢竟，要和主管袒裎相見，尷尬指數真的太高了！

獨樹一幟！不思議德式家居

和鄰居法國、南邊的義大利相比，德國人對於穿著不太時尚。但不只不時尚，他們還有些特別的德式生活風格，讓許多外國人嘖嘖稱奇。以下幾點，是在外國人圈中廣為流傳的前幾名。

穿涼鞋＋襪子?!

曾經有陣子，好穿舒適、符合人體工學的勃肯拖鞋，在台灣捲起一股風潮。冬天氣溫偏低，加上雙襪子，更是蔚為時尚。這股風潮，正是從德國吹來，台灣只吹了一陣子，但德國本地歷久不衰。只不過，不見得都是勃肯拖鞋，各種材質的涼鞋，都可以這樣穿。勃肯鞋算是有加入設計的元素，穿起來還美觀；但其他種類的涼鞋都差不多，用色也很低調，實在稱不上時尚。移居到德國後發現，原來不只是大人會這樣穿，爸媽也這樣幫小孩穿，所以，**德國人從小就習慣涼鞋加襪子的穿法**。

為什麼德國人有這種穿衣哲學？有幾種說法。一種說是經由出國旅遊的德國人，傳至世界各地。因為就算出國，也想跟在家裡一樣舒服，因此會穿登山健行服飾，配網球襪和運動涼鞋。另一說法是，注重實用的德國人，覺得穿了襪子，可避免腳因長時間走路而長水泡，在天氣熱的地方，也不怕腳流汗。

還有人說，德國人覺得腳很脆弱，應該要好好保護，穿涼鞋要加襪子，在室內要穿室內鞋（Hausschuhe）。亞洲因為氣候潮濕，室外道路不易保持清潔，習慣脫鞋後才進入室內。西方人則會把室外鞋直接穿進家裡。但德國例外，他們在家裡穿鞋，不過不是室外鞋，而是材質比較軟，有點類似厚襪子，很舒服的室內鞋。有室內外鞋之分，也讓他們不介意在進入室內時，把鞋脫掉。這一點，我給他們打高分。雖然德國街道算乾淨，但我還是很不習慣，西方人把鞋子穿進家裡這件事。

兩張單人床併起來就是雙人床?!

除了穿涼鞋加襪子，**德國的雙人床，不是一整張床，而是把兩個單人床墊，放進雙人床框裡，且床組也是各自分開，各蓋各的被**。也就是說，床一定要買旁邊有框的，不然兩張單人床隨時可能分道揚鑣。我們搬家前在德國住過幾次飯店，當時以為是因為飯店雙人床房間不夠，把兩張單人床併起來，不以為意。沒想到，這是德國人的習慣。等到我們要添購床組時，才發現事情麻煩了，雙人床組選擇少，要看上眼的更難。我猜想，這也是和德國的實用主義有關。兩個人睡一張床、蓋一條被，其中一個人翻身，另一個人可能被弄醒；被子也可能拉來拉去，互相干擾，睡眠品質都沒有「各自獨立」來得好。不過……也太不浪漫了吧？

不符合人體工學的枕頭?!

說到睡眠品質，德國的枕頭才更讓我們傷腦筋。台灣的枕頭尺寸不同，但基本上都是長方形，而且我們習慣枕頭要有點硬度（想想古早人睡木枕、藤枕）能保護頸椎。**德國枕頭是大正方形80×80公分，而且非常非常軟，裡面只是棉花，完全沒有支撐力，對我們來說，很不符合人體工學**。

剛到德國的前三個月，住在附家具的房子裡，房東給的就是德國枕頭，我常常落枕。我問過德國人，這種枕頭要怎麼睡？得到兩種答案：**一種是，連肩膀一起睡在枕頭上，很舒服；另一種是，把枕頭折一半（40×80公分）變成長方形**。說實話，第一個答案我覺得很妙。如果要連肩膀睡到枕頭上，跟沒有枕頭不是差不多？事實上，剛搬到德國的外國人，都覺得這裡的枕頭很奇妙，少數人漸漸會習慣；多數人跟無法適應的我們一樣，最後就是從別的地方買枕頭帶到德國。

有跟沒有一樣的窗簾?!

除了室內鞋、床墊、枕頭之外，還有另一樣家飾用品也和我們很不同——窗簾。台灣地狹人稠，大樓之間棟距很近，我們很習慣用窗簾來保有自己的隱私。德國雖然幅員廣大，但城市裡的建築距離，也不是遠到看不見鄰居，但如果大家注意，會發現**德國人不太掛窗簾，如果有，大部分也能透光，類似紗布，只要室內開燈，外面的人很容易就能看見裡面的動態，但他們完全不以為意。**起先我百思不得其解，時間久後，才觀察到這跟他們的幾個文化習慣相關。

首先，他們很自然地看待身體。說穿了，都能全裸洗溫泉、做日光浴，在自家客廳能有什麼更見不得人的事？既然如此，也沒必要裝厚窗簾，這樣反而阻擋外面的光線，讓室內變暗。再者，他們走在路上不會東張西望，既然沒人看，意思意思弄個薄窗簾就行了。

以上四點，真的顛覆我們的想像吧？整體看來，不外乎秉持實用的觀點，而衍生出的生活習慣，跟印象中的格林童話國、美麗的木房子，很不一樣！

真的很慢！一言難盡的網路

德國一向給人科技大國的形象，但說到網路，卻遠遠落後於其他國家。台灣已經開啟5G世代，而德國還停留在3G或4G。弔詭的是，進入室內之後，手機也常常連不上網路；搭火車或地鐵，訊號也是斷斷續續。據調查，德國的4G是歐洲各國最差之一，排名甚至在斯洛維尼亞之後，速度慢、覆蓋率低，但價錢卻不便宜！不只是我們習慣「方便、快速」的外國人抱怨，在二〇一八年，將近三〇%的用戶抱怨，網速只有供應商承諾的一半，真的很慢！**身為歐洲經濟龍頭，和數位時代的距離怎麼這麼遠？這和短視近利以及德意志電信市場獨大有關。**

Internet的發明，距今至少五十個年頭，這段期間裡，德國不是沒有大規模的「數位計畫」，但隨著政黨輪替，原先的開發計畫，被後來的政黨推翻，決定把錢投資於更新既有的設備。東西德統一後，更新系統的呼聲再起，但當時的網路需求量不大，人們對於經由電話網路運作的DSL系統尚稱滿意，不喜歡變動的德國人，再度錯過更換光纖的時機。對於最大的供應商「Deutche Telekom」德意志電信（類似我們的中華電信，是電信市場龍頭）來說，用戶滿意，不用投資更新設備，何樂而不為？

也因為這樣，網路用戶有很多限制。例如，電信業者很多，照理說可以自由選擇，但最後決定的關鍵，會是供應商有沒有辦法把網路牽到你家？加上許多廠商還是向德意志電信租用線路，就算價格具有競爭力，但尖峰時段速度會更慢。繞了半天，德意志電信還是最後贏家。當初我們遷入新家時，原本想裝光纖，但沒有這個選項，也只能選德意志電信，就算挑了最快的方案，還是常常被龜速的網路氣到。

隨著科技日新月異，對網路的依賴和需求劇增，無論如何維護電話線路系統，都無法和光纖的速度相比，民眾怨聲載道。但德意志電信堅持，只要能持續優化系統，就能滿足民眾的需求。經過幾年的爭論，政府終於有所動作，編列大筆預算補助供應商，汰換成光纖系統，預計二〇二五年全面啟用。

不只是網速，在台灣，幾乎每個咖啡店、餐廳，都能提供免費wifi給顧客使用，台北市甚至已經開始公共區域的免費wifi。但在德國，沒這回事！**來德國觀光，大家會注意到，除非買當地預付卡，不然wifi好難找，連上了也不見得能用！**德國沒有公用wifi，不是店家小氣，而是德國有項規定，wifi的所有者，必須對任何非法的活動負責。換句話說，若顧客在店內下載，責任在於老闆。換作是你，也不會給顧客使用吧？

大家可能會想，抓下載，各國都在講，真的會實行嗎？會，雖然執行起來不容易，但不是不可能。來德國的台灣學生以為抓不到，常誤觸法網。德國留學生社團，三不五時就會出現詢問的文章，因為看了線上電影，收到律師信，要求付近一千歐的賠償金。**關鍵在於，凡事認真務實的德國人，訂了一些法規，開啟**

了方便門，抓下載變成好生意，讓很多律師事務所荷包滿滿。

理論上來說，私人的ＩＰ位址，屬於個人隱私權的一部分，一般的律師事務所怎麼能取得？事實上，德國的網路使用會被側錄保留七天，而媒體公司可以在法院的授權下，使用特殊的軟體來偵測這些記錄，若發現疑似非法記錄時，擁有該影片／音樂版權的公司，可以請他們的法定代理律師向法院申請調閱資料，查出ＩＰ帳號的所有者。整個程序完全合法，因為這條規定特別註明跟個資保護法不衝突，所以持僥倖心態，覺得下載者眾，不會抓到我的人，很可能會收到詳細記載片名、時間、地點、用戶名稱和補償金的律師信。如果不把錢雙手奉上，對方可能一狀告到法院。

不只是下載，線上看影片也不合法（牽涉到技術層面，在此不贅述），還有音樂、ＭＶ都包括在內。德國的漫漫長夜不追劇、看電影，要怎麼打發？往好處想，打開 Netflix 用德文看，還可以精進語文能力，一舉兩得！

追求頭銜，全國瘋博士！

即便已經是二十一世紀，「萬般皆下品，唯有讀書高」的想法，仍然在亞洲文化佔有一席之地。不過，學歷似乎只和第一份工作相關，在職場上，別人會介紹你是某某先生、女士，加上職稱，但不會特別強調你的學歷。除非在學術界任職，牽涉到升等，比如助教以上一定要博士學位，否則你是ＸＸ博士的頭銜，只有親朋好友知道，頂多名片上面註明一下。而現今求職市場的高競爭性，博士常面臨就業不易的窘境，大學職位僧多粥少，三不五時還會被酸，書唸那麼高有什麼用？**不過在德國完全不同，「Dr.」這個字，有著隱形的光環，看到這個字，就算你是外國人，對方也會肅然起敬。**

Dr. 簡稱有兩種意思，一種是「Doctor」醫生、另一種是「Doctoral」博士。無論是哪一種，在德國都非常吃得開。德國的學位法規定，凡是在德國大學取得的博士學位，都能在身份證、居留證、護照、家裡的信箱、門牌，名片上，冠上 Dr. 的稱謂。只差沒有登報、或辦流水席，昭告天下你是醫生或博士，認識的人，也都會以某某博士來稱呼你。舉我房東為例，他是位外科醫生，雖然不是德國人，但鄰居提到他，都會說 Dr. X。而一位朋友的先生有德國博士學位，取得德國國籍時，護照上自動加註 Dr. 頭銜。

在德文裡，有您「Sie」、你「Du」之分，對於初次見面，或是輩份、職位比較高的人，一律要用您。在職場上，同事之間也很習慣用姓氏，也就是陳先生、林女士互相稱呼。尤其當你是新人時，即便是同輩，還是要用您「Sie」稱呼同事，直到同事說可以用你「Du」時才能更改。對於長官，除非當事人特別提出，否則一律用您「Sie」稱呼。學校裡，學生若是成年人，老師也會用姓氏加先生、女士。從這些地方就可看出，**德國社會其實很保守，對於上下的階級，有明顯的區別**。這也解釋了，為什麼 Dr. 在德國很受重視。

培養一個博士或醫生，需要花很多時間和資源，尤其是博士，得耗費好幾年的青春；若是人文相關科系，更是要飽讀詩書。而德國的學術研究，歷史悠久、訓練紮實，因此拿到博士頭銜，原本就值得驕傲和被肯定。加上研讀學位過程中需要勤奮、認真、鍥而不捨、有高自制力這些特質，在德國社會裡更是被高度推崇的價值。於是，**不只是學術圈的人努力追求博士學位，連政治人物、成功的商業人士，也都汲汲營營於博士頭銜**。因為它不只是學術界的桂冠，更是一種身份的轉化。在姓名前面放上 Dr.，連走路都有風！有些人甚至擁有不只一個博士學位，還加上好幾個榮譽學位，要稱呼他時，得把所有的學位都講一遍！這股追求頭銜的熱潮，在其他各國前所未見！

由於博士頭銜在德國的獨特性，對於 Dr. 的使用，也有詳盡的規定。除了德國大學，以及德國教育部認可大學的博士學位，其他都必須要在 Dr. 之後註明學校；榮譽博士學位也有不同的寫法。若無中生有，濫用博士頭銜，會面臨刑期或罰金。但物極必反，訂立刑罰還是擋不住追求博士光環的熱潮，論文抄襲、槍手代筆，或是花錢買頭銜的醜聞，從未間斷。近幾年最著名的案例，是梅克爾政府的前國防部長 Karl-Theodor zu Guttenberg。貴族出身，學經歷完整，是政壇的明日之星。但被舉發博士論文有抄襲之嫌，雖然梅克爾力挺，在輿論和民意的壓力下，還是黯然下台。後來也確認有抄襲之實，喪失博士頭銜，罰金二萬歐元。

連貴族出身，家世良好的政治人物，都跳脫不了博士頭銜的迷思。亞洲對文憑的重視，之於德國人對博士的狂熱，真是小巫見大巫。政客因為是公眾人物，容易被起底，而一般人是否有造假、買賣的行為，更難一一查證。面對這種官僚、階級化的歪風，德國也曾試著導正，有議員提議修法，取消在證件上註明學位。但引發極大的反彈，不僅那些擁有博士學位的人反對，部分的人也覺得，人家辛苦念到博士，應該要加以表揚。

我認為，博士是一個學術修養指標，不需要特別拿出來說嘴。否則，各行各業的菁英，也應該掛上一個「稱謂」，表示在這個行業，成就等同於博士？不過，以德國人維護傳統的心態，這股博士狂熱，應該會一直延燒下去。如果要在德國社會獲得敬重，來這裡唸個博士就對了！

領薪水，從喜悅到跌落谷底！

德國的經濟力在歐盟裡佔有一席之地，連帶薪水也比其他國家高。但別高興得太早，福利好的德國，相對稅賦也不輕。薪水單上，原始薪水的數字，和扣除各項社會保險、稅款後的差異之大，像搭雲霄飛車，讓人瞬間從領薪水的喜悅，跌落谷底！

生小孩之後，享有一年的有薪育嬰假；小孩每個月有錢可領（小孩金「Kindergeld」），一路領到十八歲；有類似我們的健保、失業有救濟金、退休有退休金等，聽起來好棒！大家一定嚮往住在這種國家吧？不過，羊毛出在羊身上，福利還是要有人出錢。而這些錢，一大部分都是從納稅人的口袋掏出去。有一次，魚先生和朋友聊起德國生活，對方說，德國看醫生都免費很令人羨慕，魚先生回答：「免費?!我們每個月繳的健康保險，不都是錢嗎？」

德國的薪水看起來數字很漂亮沒錯，但高福利的國家，伴隨而來的也是高稅率、以及各式保險費。最後拿到手裡的錢，跟原本的數字差別很大。

德國的稅制頗複雜，連德國人都很難搞清楚，遑論我們外國人，但報稅在德國又是件很重要的事。魚先生的工作福利之一，包括第一年免費指派一名稅務師，協助處理稅務。聽起來似乎沒什麼，但聘請一位私人稅務師，動輒要台幣上萬元；且報稅出了問題，可不像台灣只需要補繳，頂多罰款。我們有位朋友，到海外工作後回德國，政府對他的稅務有疑慮，於是直接凍結他的帳戶，直到查清楚來龍去脈為止。那時，他手頭只有少少的現金，過得好拮据。他的狀況還算輕微，若真的被查到申報不實，會被檢調單位起訴，面臨牢獄之災。

在德國生活，要繳的錢有哪些？因為每個人的情況不一樣，單身、已婚、有沒有小孩，家有一份薪水或兩份薪水等，繳的稅率都不同（註）。所以德國的薪水，一律都是談稅前，受雇者要對稅有點概念，否則實際拿到手的錢，可能會讓人很傷心。個人所得稅率，按所得計算，從一四％起到四二％，差距很大，薪水越高繳越多。**每個月除了預扣所得稅之外，還有兩個很特別的稅：東西德團結稅以及教堂稅**。

東西德團結稅，顧名思義，和一九九〇年東西德合併相關。因為當時東西德的經濟發展差距懸殊，為了協助東德的經濟和建設，開始向西德人民徵收此稅，佔所得約五％左右。雖然不多，但算一算，德國統一至今已經三十年，東西差異縮小，廢除此稅的呼聲越來越高。直到二〇一九年，政府終於順應民意，預計二〇二一年開始，豁免約九〇％的人免繳團結稅。

而教堂稅，當然和宗教有關。德國雖然是工業大國，但也是有虔誠信仰的國家。南德以天主教為主，北德則以基督教為大宗。基本上，只要有受洗的人，都必須繳這個稅，而且不輕，佔所得的八～九％。如果不想繳納這項稅款，可以申請不屬於任何教會的證明。不過這也表示，你無法參與一些宗教相關活動，例如在教堂結婚，或是擔任朋友小孩的教父、教母等。我的一個德文家教老師就說，他在德國二十年了，沒有虔誠信仰，起初也不繳教堂稅，後來因為小孩上了教會辦的幼稚園、小學（德國很多學校都是），才覺得應該繳這個稅。

除了稅之外，薪水還有一大部分進入社會保險系統，共有四大項：醫療保險、失業保險、退休金保險和長期照護保險。這些項目約占薪水的二〇％左右，通常都是自己和雇主各分擔一半。這些保險，也是確保你未來的健康、失業可以領錢、有退休金拿，以及獲得老年照護的基金。

綜合以上所述，光是兩個稅和四個保險，每個月的薪水就得打個七、八折，再加上預扣的個人所得稅，實際入袋的錢，真的很讓人失望！不過，換個角度想，也因為有這些保險，在德國的生活很有保障。難怪他們的人民，認真工作之餘，也能很認真享受休閒時光。這也說明了，其實歐洲人真的沒有我們想像的那麼有錢！受惠於制度完善，對於人民的健康、工作、退休有一定程度的保障，才能讓他們看起來生活無虞，很「悠閒」。

德國的稅、保險負擔不輕，如果沒有在德國終老，豈不是虧大了？公平的德國，有個很棒的規定，外籍人士如果不會永久住在德國，繳出去的部分保險，將來都能夠申請領回。是不是很佛心！不過，德國還有一項大家想不到的稅：寵物稅。只有狗飼主要繳，養貓不用，因為狗會在室外大小便，這筆錢等於是拿來補貼街道清潔。根據狗的品種跟居住地區，年繳二十四至一百歐不等，很特別吧！

註：
稅級 1：單身、離婚、另一半辭世，跟分居。
稅級 2：單親。
稅級 3：已婚，另一半收入少，稅率最低。
稅級 4：已婚，另一半收入相當。
稅級 5：已婚，另一半收入高，稅率很高。
稅級 6：有兩份以上工作或減稅者。

連意外，也要做好準備！

天有不測風雲，人有旦夕禍福。生活中，原本就有很多事情，在我們的意料之外，遇到了，也只能摸摸鼻子接受。**但行事謹慎、需要縝密且提前計畫的德國人，可不這麼認為。他們覺得，就算是「意外」，也要做好準備。而因應的政策，就是買保險！**

在保險觀念剛進入台灣時，台灣保險業也曾經紅極一時。跟股票菜籃族一樣，那時的保險業務員還不需要專業證照，大多是家庭主婦兼職，賺點零花。而她們的客戶來源，不外乎身邊的親朋好友，有點類似老鼠會的概念，一個拉一個。後來實施全民健保，加上大家覺得，繳了很久的保費可以派上用場時，拿到的錢不多，不太划算。不但保險業慢慢走下坡，大家對於「保險業」的印象也不太好，覺得有點虧到了。

不過保險在德國，形象卻完全相反。跟我們「有拜有保庇」的概念類似，他們覺得，只要有保險，萬事ＯＫ！當然，這也和以下幾點的民族性相關。

第一、德國人傾向規避風險，尤其是無法預期的風險。這也是他們為什麼凡事都要計畫，做好萬全準備。

第二、德國人追求安全、穩定。這也是即使利率很低，甚至是負利率，德國儲蓄率依然居高不下的原因之一。他們寧願把錢放著，也不願承擔投資伴隨而來的風險。連投資的風險都不願承擔，更不用說生活中不知道何時、何地會發生的意外。

第三、他們熱愛遵守規則。其中一項就是，你造成別人的損失，無論是故意與否，都應該要擔起賠償的責任。但有時那個損失不是微薄的薪水可以賠償得起，這時候保險能發揮很大的作用。再來，德國人很節儉。不得不說，德國的保險制度比台灣要好，很多月繳的金額都不高，算是以小博大。對他們而言，花少少的錢買到生活保障，非常值得。

德國保險種類繁多，根據統計，每個德國人擁有五個以上的保險。剛到德國的我們，搞得一個頭兩個大。因為每個人都有自己的想法跟經驗，所以覺得「必要」的保險，不盡相同。不過最後我們歸納出幾種，除了薪資扣繳的四種基本保險外（醫療、退休、失業、長期照護），最重要的是——第三責任險（Haftpflichtversicherung）。

此項保險在德國非常普遍，十個德國人裡，有九個保這個險。保險涵蓋範圍很廣，保費不高，保額可以高達幾百萬歐元，非常划算！例如你在學校上課，包包不小心掃到同學的咖啡，整杯咖啡灑在他正在使用的電腦上，這時保險可以買一台新的電腦；又或是你騎腳踏車打滑，撞倒一位老先生，他可能因此行動不便幾個月，向你求償。諸如此類的事件，造成第三方身體、財產、自由、健康等的損害，第三責任險都會代為賠償。

許多房東在挑選房客時，也會要求要有第三責任險。如果因為你的任何疏失，造成鄰居的損害，房東不必出面承擔，對房東也是一種保障！另一個非常重要的，是這個保險涵蓋「鑰匙」。也就是說，假設遺失鑰匙，必須要幫整棟住戶換鎖、重打鑰匙時，保險都給付。連鑰匙都需要保險，令人大開了眼界吧！

其他的保險就見仁見智，可有可無。例如：旅行險、失能險、壽險、家庭財產險（例如被小偷入侵、失火、淹水）等，這些都還算是符合邏輯的保險。近幾年來，保險業者抓住大眾保守、害怕的心理，陸續推出許多很特別的保險。例如：婚禮取消險、葬禮險、住家玻璃險、太陽能板險等。幾乎想得到的東西，都能保。大家覺得這種保險很蝦？但賠錢的生意沒人做，一定有它的市場。

在這種什麼都保，保險多保障多的風潮下，許多人沒有意識到自己浪費了很多錢，在使用機率不大、無意義的保險上。這個話題，慢慢引起大家注意。保險究竟有沒有實質的幫助，還是被商人舌燦蓮花的話術洗腦？例如在這個人人都有網路的時代，出現一種特別的保險——「網路保護險」。舉凡你的電腦被駭、個資被盜用，或是小孩在網路上被攻擊等，都在保險範圍內。但這種保險有必要嗎？在網路上被攻擊的傷害又是如何計算呢？這就很見仁見智了。

了解德國人愛買保險的習性後，也就不難明白，為什麼跨年夜他們敢瘋狂放鞭炮。反正，出了事有保險頂著，我，享受當下就好！

現金至上！請問可以刷卡嗎？

翻開皮夾，大家有幾張信用卡？至少一張吧？現在在台灣，刷信用卡可能有點過時，行動支付才是跟得上時代。

剛到德國時，我們常遇到一個窘境，買完東西或吃完飯要付錢時，發現店家不收卡。只好臨時跑到附近的提款機領現金，若不是自己的開戶銀行，還要付一筆不小的跨行費。幾次下來學乖了，出門前會先檢查，皮夾裡有沒有現金。碰到這種狀況也不用太尷尬，店家很習慣，因為德國人是出了名的愛用現金。

很難想像，中國的手機支付，已經到了幾乎完全不需要帶現金出門的階段；北歐的瑞典、芬蘭、挪威也全力加速往無現金國家前進；**身為工業科技大國的德國，卻仍然堅持擁有現金才是王道！**據統計，平均每個德國人皮夾裡的現金，有一百歐元左右，遠高於歐盟其他國家。我還記得，在巴黎拿出五十歐元現鈔，店員就會眉頭深鎖，甚至問你有沒有小一點的鈔票？湊巧沒有時，就得忍受對方一臉不悅地碎念。但在德國，拿出五十歐元很平常，超市貼出的公告，是不收「二百」歐元鈔票。有次朋友從荷蘭來訪，我們以地主身份作東，當我拿出一百歐元大鈔結帳，店員若無其事地收下找零，朋友好驚訝！這在荷蘭完全不可能。根據調查，德國餐廳和超市，使用現金付款的比例，是其他歐盟國家的兩倍！

德國人對於現金的迷戀，在日常生活中，有時很不方便。例如：路邊停車、地鐵車廂內的售票機，只收現金，零錢或小額鈔票。當你翻遍包包，卻湊不到該付的金額時，真的會很昏倒。杜塞道夫老城區，有個地點很好的停車場，但用卡繳費的那個功能，永遠都在維修中。採買尖峰時間，超市結帳大排長龍，還是很多人拿出零錢，慢慢數……。

英文有句話說「seeing is believing」，充分解釋了，為什麼德國人偏好現金而不愛用卡。**跟他們務實的個性有關，眼見為憑，現金看得到、摸得到。**刷卡感覺很虛無飄渺，無法掌握。而且德國人不愛欠債，堅持有多少花多少。德文裡，債務「Schuld」這個字，另一個意思是「罪惡」，所以潛意識裡就覺得欠債有罪惡感。而刷卡，很容易在不知不覺中超支，就算是 Debit 卡（類似我們的 visa 金融卡，刷卡立即扣帳，帳戶有錢才刷得過），他們也覺得沒有現金方便控管，更不用說先消費、後付款的信用卡。

台灣的銀行，為鼓勵大家多使用信用卡，推出刷滿幾次、或是消費累積多少金額，就能免繳年費。德國的信用卡一來很難取得，不是申請就能擁有，要通過嚴格的信用考核；二來，一定要繳年費（沒有任何優惠活動），對他們來說又是一筆開支，所以有信用卡的德國人並不多。以我公司為例，連主管級、薪水優渥的同事，都不使用信用卡，只用 Debit 卡，和我們連還沒踏入職場的學生都有卡，很不一樣。所以，當我拿出白金卡時，大家都眼睛一亮，以為我是超級「好野人」！

不過，不用信用卡，要如何在網路上買東西？如何做旅遊規劃？後來才知道，只要是德國的網購網站，都有「轉帳」功能，或是「paypal」，買機票、訂住宿都一樣。他們也很習慣，不付現時用轉帳，同事之間也是如此。轉帳對他們來說還有另一項功能，信用卡可能被盜刷，或不認帳，但轉帳紀錄清清楚楚，不會有爭議。

他們愛用現金，也和歷史的悲劇有關。上一代的人，對於「被監視」的感覺，還記憶猶新，導致他們非常謹慎保守，渴望保護自己的隱私。而透過網路連線的刷卡行為，過程中會留下一個紀錄，任何人只要想知道都有辦法取得。對他們而言，這是個資外洩，太沒安全感了；覺得使用信用卡，會失去部分自由。沒有經歷過那段歷史的我們，無法想像那種被監控的生活，所以很難體會！其實，至今仍有滿多人不信任政府、銀行，連把錢拿去存都不願意，不想讓政府知道你有多少錢，選擇把錢放身邊。我認識的一個德國人就是如此，他每存到一筆錢，便拿去買金條，放在家裡的保險箱裡，很難想像在二十一世紀還有這種行為吧。

德國人愛用現金的行為，對政府也造成些許困擾，除了當年啟用歐元時，必須要印製比其他國家更多的現鈔之外；使用現金，也造成不易掌控逃漏稅、洗錢等不法行為。二〇一六年，財政部長曾計畫推出一項政策，規定單筆現金交易的上限是五千歐元。在很多國家很平常的政策，卻引起軒然大波，還有人發起「Hands off our cash」（不許碰我們的錢）的活動！

不過，人生的事，真的很難說！連政府官員無法撼動的習慣，卻因為這場新冠病毒疫情，急轉直下。大家都知道，病毒會經由接觸傳染，而鈔票、銅板，每天經過無數次陌生人的手，自然成為散播的媒介之一。因此，在疫情爆發後，政府積極宣導用刷卡取代現金。再怎麼頑固保守的德國人，在疫情面前也不得不低頭。雖然許多德國人表示疫情發生之後，比以前更謹慎的花錢，並且存更多的錢。但使用 Debit 卡的人數有大幅成長，且這個習慣很可能持續下去。

如同一些經濟學家所言，雖然步調緩慢，但總有一天，德國也會走向無現金時代。讓我們拭目以待！

有預約行遍德國！

在德國，你德文可以不好，但有個字一定要知道，那就是「Termin」預約。有預約行遍德國，無預約處處碰壁。**德國人喜歡有規則可循、生活預先計畫、安排妥當，討厭天外飛來一筆。所以，不僅是公家機關、職場、就醫、甚至是日常生活，很多事都要先預約。**

在台灣，如果身體不適，無論看哪一科，直接走進診所掛號等看診，天經地義。但在德國，得先問清楚診所接不接受沒預約的病人，有些診所甚至不接受新的病人，因為醫生的病人人數已經額滿。就算接受，為了看診等上好幾個小時，也不令人意外。至於公家機關，需求越大、程序越複雜，例如：申請居留證，越需要預約；一些比較簡單的事情，是可以直接到現場排隊，等候辦理。

就醫和公家機關需要預約比較不怪，但職場上居然也需要！假設工作上你有想和其他同事討論，或跟主管請益的事，不能直接衝到對方辦公室敲門，必須要先寫email，或打電話詢問對方何時有空？約好討論的時間。「彼此的辦公室可能不遠，直接敲門不是比較快？假如當時在忙，面對面講也比較清楚啊？」這是我們的邏輯，但對德國人來說，他一天的工作內容可能已經排好，當時也許專心在做某件事，雖然只是敲個門，對他們都是種打攪，更不用說要花時間討論你的事，簡直就是把他辛苦排好的「Dominoes」骨牌，直接推倒！不過，這裡指的是中、大型傳統德國公司，新創公司，或是工作內容有時效性的，不在討論範圍內。

如果你覺得同事之間要預約很誇張，來看看我們被餐廳趕出來的經驗。有一次，我和魚先生心血來潮，想吃德式炸豬排，上網找到一間離家才十分鐘車程，且評價很好的德式餐廳。那天不是週末，且已經快八點，非德國人用餐的尖峰時間，所以我們很有信心地，沒打電話預約就出門。推開餐廳大門，裡面顧客不多，我們還很高興，因為飢腸轆轆，心想應該馬上就能入座點餐，大快朵頤。服務生看到我們，問了幾位，轉頭詢問不知道主管還是老闆的人有沒有位子？對方一聽到沒預約，口氣和態度都非常差地說：「沒位子！」我們一頭霧水，放眼望去位子很多啊？但主人都說沒位子了，也只能摸摸鼻子走人。所以我說，「處處碰壁」不是空穴來風，連想吃個飯都不行！

更讓我驚訝的是，假設有天出門，走著走著，突然想到有個交情不錯的朋友住在附近，打個電話看對方在不在，見個面打聲招呼，是人之常情吧？對方也會很高興你這麼做。不不不，**連好朋友、家人之間，都要先預約**。沒約好，德國人會明白告訴你，我雖然在家，但並沒有事先約，所以不方便見面。家人之間也是，如果大家住附近，想去串個門子，或是對方生日想登門祝賀，都要事先約好，不然興沖沖地去按門鈴，就算對方在家也不見得會應門。德國人生活很忙嗎？他們可能已經安排要運動、打掃、煮飯、洗衣，無論如何，不速之客，就是不受歡迎！

說到不開門，剛到德國時，聽到門鈴聲響，我就會傻傻的應門。直到有天打掃阿姨跟我說，在德國，重要的事都會先約好，所以無預期的門鈴，都沒有應門的必要，還可以減少不必要的麻煩。想想也有道理，通常不是麻煩代收鄰居的包裹、就是推銷東西、甚至募款。近幾年德國治安變差，利用這種機會闖入家裡打劫的事也時有所聞。不過她的這番話，再度證實在德國「Termin」預約有多重要！

從凡事要預約這件事，大家可以想像德國人多麼沒彈性，即便是很小的一件事。這又衍生出他們的另一個習慣，口說無憑，凡事都要以白紙黑字為最高指導原則。

大家知道嗎？活頁文件夾，是一八八六年德國人 Friedrich Soennecken 發明，不難理解，德國人有多愛白紙黑字，尤其是官僚的公務系統。還記得我申請居留證時，辦事員一一把文件正本、影本整理好，放在一個資料夾裡存檔。當時心裡就覺得，科技、網路如此發達的時代，不是存在系統裡就好？後來才知道自己太天真。跟愛用現鈔一樣，看得到、摸得到的白紙黑字，才能給德國人足夠的安全感。但對民眾來說，公家機關之間沒連線，不同的事情到不同的機關辦，不同的辦事員又有不同的標準，簡直搞死人！如果在台灣，會被罵到臭頭，一點效率都沒有。但德國人似乎習以為常，反正要什麼文件就給什麼，雖然崇尚環保，但用在文件的紙張，好像不在環保項目之內？

也因為他們注重白紙黑字，重要文件都得自己好好保管。別小看這件事，很多「幾年前」的文件，也不能隨便亂丟。這時就想到，活頁文件夾的發明，完全是因應市場需求而產生啊！

禮輕人不怪！

德國人很重視生日，在職場上，壽星要帶蛋糕和同事分享，同事們可能集資送禮，或直接給現金。不只是生日，任何大事都比照辦理，例如：結婚、生小孩、升遷等，當事人都要準備食物和同事分享。這種算是職場文化，每位都會輪到，有來有往，沒有什麼問題。但其他重要節日，聖誕、新年假期，需要送嗎？送什麼才合宜？德國不時興送大禮，太貴重的禮物，反而會讓對方尷尬。

「禮輕情意重」在德國完全吃得開！

同事之間基本上不需要送禮，有業務往來的廠商、公司，想在歲末年終表達合作愉快，只能送小東西，否則會有行賄、貪污之嫌。朋友之間呢？務實的德國人，很愛送實用性高和居家擺飾的東西，例如相框、廚房用具等都很受歡迎。但幾個重要的習俗，不知道的話可能會失禮，例如喬遷之喜。

大家一定猜不到，**搬新家時，德國人會送什麼？答案是鹽跟麵包**。這兩樣怎麼看都不像是「禮物」啊？是有點奇怪，但有其深層的意義。鹽是維持生命必須的元素；麵包則像我們的米一樣，是填飽肚子的基本食材。搬家送鹽和麵包，是祝福對方搬到這個家之後，糧食源源不絕，永遠都不會餓肚子，類似我們「財源廣進」的意思。

如果受邀到德國人家，要帶什麼伴手禮呢？

拉丁語系國家（法國、西班牙、義大利）到朋友家作客，最普遍的伴手禮，不外乎一瓶酒。主人則一定會準備豐盛的食物，絕不會讓客人餓肚子回家。**在德國要帶什麼赴約呢？巧克力是不分性別，放諸四海皆準的禮物，如果覺得寒酸，可以再帶瓶酒。不過，要帶「外國酒」（法國、義大利）才算有誠意，帶德國酒會被認為有點廉價**。有女主人的話，送花也是很好的選項。記得要跟店員說是送禮，不然會拿到一束用透明塑膠紙包起來，很陽春的花。此外，送花還有禁忌，不能送康乃馨和百合，這兩種花在德國，和哀悼、喪事有關。如果邀約者是單身男性，奉勸大家千萬不要不好意思，事先問清楚，不要像我朋友有慘痛的經驗。

對方是朋友的公司同事，有天主動約了幾個同事到他家吃晚餐。朋友是西班牙人，帶了一瓶不錯的酒赴約（德國不錯的酒，跟其他國家相比都貴一點），不想失禮。沒想到到了同事家，主人在門口劈頭就說，自己買了很好的牛排，要價不菲，所以每人要收二十歐元。在德國的餐廳，花二十歐吃飯（不含飲料）不便宜，同事這樣要求，我朋友有點傻眼，第一次遇到被邀請還要分攤錢！這在拉丁語系國家幾乎不可能，他們跟台灣一樣，只要是「被邀請」去吃飯，絕對不會有要掏錢的狀況。

但人都到門口，主人都開口了，就算覺得怪還是得付！客人到齊之後，主人開始上菜，麵包、沙拉、香腸一直不斷送上來，大家邊吃邊聊，氣氛很融洽。酒過三巡，主人突然問：「大家都吃飽了吧？」客人們不知道是真的吃飽，還是客套，紛紛表示吃得差不多了。我的朋友丈二金剛摸不著頭緒，說好的優質牛排呢？？不是說牛排貴要大家分擔嗎？花了二十歐外加一瓶酒，結果吃了一堆麵包、香腸，超級不划算！不是我朋友愛計較，實在是這種晚餐邀約，讓人心情不太好啊～

後來跟別的朋友聊，才知道，**被德國人請吃飯，事先吃一點是「潛規則」**。這點很讓我驚訝！請吃飯讓對方吃飽不是基本要件嗎？客人沒吃飽很丟臉耶！不知道是不是德國人務實到了極點，與其到對方家，發現不是自己喜歡的食物，不如先吃一點，免得餓著？無論如何，如果有機會被德國人邀約，記得先塞一點食物，否則吃不飽，主人恕不負責。

客服還是「克服」！

在歐洲遊蕩的這幾年，我盡量每年回台灣一次。除了探視家人之外，還要把一年份的台灣美食，吃進腦海的記憶裡。每次回家都是既開心又興奮，但隨著住在歐洲的時間越久，在台灣越常遇到一個問題，那就是聽不懂店員在說啥？並不是我的中文退步，而是台灣的客服，為了高品質的服務，有套很細瑣的SOP，不斷重覆許多簡單的小問題。我常會一愣，為什麼要特別複述或詢問，是不是聽錯了？例如：「你的大冰美式要冰的還是熱的？」（開個玩笑，不過是真實案例）。且「顧客至上」這四個字，根本就是無法打破的銅牆鐵壁。

和亞洲相比，歐洲的客服已經有很大一段差距，德國客服更是糟到令人髮指！從離開台灣的那一刻，感受就特別深。當我大包小包，獨自一人帶著小孩單飛時，台灣航空的空姐會主動伸出援手，詢問需不需要幫忙？尤其是在上下飛機時。到歐洲換搭德國航空，待遇就是三六〇度大逆轉，空姐看著你像八爪章魚般，手上抱著、肩上提著、背上揹著，依舊無動於衷。比較善良的，給個微笑歡迎登機；但板著臉公事公辦屬於正常狀況。一個朋友有次獨自帶著兩個小孩，從台灣回德國，轉搭德籍航空登機時，客氣地詢問空姐能否幫個忙？對方義正嚴詞地回覆：「不行，我們要堅守崗位。」身為客人的你，會有什麼感想？

很多人對於巴黎人態度頗有微詞，來到德國後，發現巴黎人不是特例。記得有一次朋友來訪，我們照例帶她去啤酒餐廳，品嚐道地德國菜。德國人的直接切入重點，在餐飲業也不例外。服務生來點菜時，就是要快問快答，若稍有猶豫，對方便會面露不悅，覺得你應該先決定好，不然是浪費他的時間，更不用說問問題了。對他們而言，「大家」都知道這些菜是什麼，不知道是你的問題。在拉丁語系國家跟服務生討論食材、談笑風生的場景，不會發生在這裡。

而我朋友做了一件很多台灣人都會做的事，當她想找服務生時，我來不及阻止，她的手已經舉起來。

服務生來了，在我朋友開口前，他面無表情地說：「在妳的國家（舉手叫服務生）可以，但在這裡不行。妳需要什麼？」朋友沒預期服務生有這種反應，有點尷尬。我連忙解釋，這是文化差異，在這裡得用眼神請服務生來。當然，是我朋友沒事先作足功課，給他不好的觀感。不過，這麼直接糾正客人的服務生，我也是第一次見到。

德國真的沒有客服嗎？事實上，他們有一句話「Der Kunde ist König」（The customer is king）顧客至上，但……標準好像跟我們差很多？無論是那位空姐，或是這位服務生，對他們而言，服務只限於工作範圍內。**只需要遵守工作守則，而不需要提供其他「額外」的服務，微笑、親切態度，根本是天方夜譚**。不只在餐廳，在商店裡也是。就算口袋滿滿想花錢，店員就是有辦法澆熄你的慾望。

美式、日式那種令人愉悅的服務不存在，可以理解，但很多公司的客服，真的讓外國人火冒三丈。首先，**客服電話像樂透，不是忙線中，就是無人接聽**，電話這頭響個三十分鐘到一小時，不是特例。如果你幸運地被接通，是好的開始，但不見得是成功的一半，因為很可能有下列幾種狀況：一、客服表示這不是該部門的業務範圍，比較好的會幫你轉，大部分說完這句就想結束和你的談話。被轉接的電話，也可能在各個部門跳來跳去，像燙手山芋，沒人願意承接。二、客服認真聆聽你的問題之後，不但不認為是公司的錯，還會找出其中有瑕疵的部分，將責任轉到你身上。例如：本來無故被扣款要去申訴，變成你沒有及時盡到告知的責任？

一個娶了德國老婆的美國朋友說，他在德國快二十年了，還是學不會怎麼跟德國客服角力，最後都是請出老婆大人才能擺平。而沒有德國另一半的我們要怎麼辦呢？只能摸摸鼻子自認倒楣？在德國這幾年，我悟出了一個道理，千萬別被他們那種咄咄逼人的態度給嚇到，要拋開華人溫良恭儉讓的儒家思想，穩住陣腳據理力爭。

舉個例子，有次我和魚先生開車，準備從一間商店離開，大門口的寬度，兩台車會車很難同時經過。因為前方是雙向車道，我們當然得停下等兩邊沒車才能左轉。這時，一台超級跑車從左方過來要進商店。正常的邏輯，是不是應該停下，等我們出去，他再進來？對方沒有，反而一直擠進來，還按我們喇叭，好似違反了哪條交通規則。魚先生忍不住搖下車窗對他說：「你有這麼趕時間嗎？」對方態度瞬間成了洩氣的氣球，正眼都不敢看我們。類似的事情，層出不窮。

所以說，要處處跟別人吵架？也不是，理要直，但氣不用壯。邏輯很簡單，他們重視論「理」，大家唇槍舌戰的基礎，就是看誰有理。如果你被態度嚇到而退卻，或是想息事寧人，他們不覺得你是客氣、不想計較，反而認為你自知理虧。

俗話說，「有理走遍天下，無理寸步難行。」在德國，完全適用！

獨特的德式通風學！

這幾年因為地球暖化、溫室效應，德國的夏天，有時也會有超過平均值的高溫，偏偏冷氣不是德國常見的設備，遇到熱浪也只能忍耐撐過去，再不然就是投資一台移動式冷氣，聊勝於無，和台灣冬天遇到寒流的概念完全一樣。有天上班時，室外溫度約三十幾度，公司因為大樓設計的關係，只有少數幾間辦公室有冷氣，我的辦公室很不幸地，不在那個範圍內。進到辦公室，發現窗戶外頭的電動遮陽簾整個拉下，但所有窗戶緊閉。我覺得很疑惑，天氣熱，不是應該把窗戶打開通風嗎？正當我要開窗時竟被同事阻止，順便上了一課：德式通風學！

以前在美國唸書時，冬天暖氣都是二十四小時開著，而且強度足以讓人只穿一件棉 T，完全不覺得冷。那時候學到，傳說的洋蔥式穿法真的很實用，毛衣底下一定要穿一件棉衫，否則穿毛衣在室內會猛冒汗！而他們也習慣整個冬季暖氣都開著，從來不關。但這種開法對德國人來說，一來不環保，二來不健康。**因為德國人非常注意「通風」這件事！**

台灣的窗戶，為了增加室內使用空間，多是左右開。德國的窗戶可大有玄機，不但可以向內敞開，還能只開上方一個小縫。為什麼要特別如此設計？因為德國人相信，窗戶大開後產生的穿堂風會讓人不舒服，甚至生病，因此有這種只開上方小縫通風的習慣，和我們開氣窗的邏輯有點異曲同工。

不過，德國人開窗的時間點，又和我們有點不同。之前提到辦公室窗戶緊閉，是因為早晚氣溫比較低，如果一早到辦公室，馬上開大窗通風，讓比較涼的空氣進到室內，稍晚氣溫升高時，關窗、拉遮陽簾，可以有效隔離外頭的熱氣，維持室內較低的溫度。如果當時我把窗戶打開，只會讓熱空氣吹進辦公室，室內變得和室外一樣熱。所以，天氣熱又沒有冷氣吹時，他們不會開窗。聽起來很玄，但我實際在家試過，真的有效！

而冬天天氣冷颼颼，應該要關窗吧？大部分的時間是這樣沒錯，不過德國氣候偏濕，當室內太過溫暖，空氣中的濕氣會凝結成水，造成部分牆面、角落發霉。所以每天開窗通風，變成一項重要的例行公事，對於不熟悉暖氣運作的我們，更是一項「德國必修學分」(註)。

除了防黴，很多德國人入睡時也不開暖氣，甚至開著窗睡。他們認為，只要棉被夠溫暖，開窗睡比開暖氣健康，而且溫度較低，睡眠品質較好。當然，這和德國幅員廣大，許多人不住在擁擠的城市，空氣品質較佳也有關係。事實上，德國室內的暖氣溫度，通常只維持在「不冷」的程度而已，他們認為這樣既健康又環保。當媽之後更發現，德國人認為小孩房間維持在攝氏十八度左右（我個人覺得有點涼），是最適合睡眠的溫度。只能說鍛鍊身體要從小開始！

德國人對於新鮮空氣的執著，也可能和愛乾淨有關。德式建築普遍沒有換氣系統，關久了難免會有味道，或許因為這樣，讓他們連在寒冷的冬天，都覺得有必要開窗通風一下。無論是什麼因素，**德國生活哲學：「熱浪時關窗，天冷時開窗。」**你，學起來了嗎？

註：每天至少兩次，例如起床和睡前，先關暖氣，並且將窗戶敞開通風幾分鐘，讓外面的冷空氣進來，平衡一下室內外溫差和濕度。

生日規矩一大堆

你怎麼慶祝生日？在台灣，壽星最大，要不要慶祝？怎麼慶祝？都是壽星決定。有些人年年慶祝，有些人，尤其是女孩子，過了特定年紀，可能就不想再慶祝了。慶祝方式不外乎去餐廳吃飯、唱歌，或者是去夜店狂歡等。在德國，可能平時沒什麼大事，生日變成一年之中很重要的一件事。無論是大人小孩，都非常看重這個日子。從小，家長就會幫小孩辦生日派對，活動可大可小，盛大一點租遊戲場，一般就是在自家辦，準備蛋糕、餐點。沒邀請到的同學也要招呼，請吃餅乾、糖果之類的小點心。

長大後，除了和自己的朋友慶祝，跟家人聚在一起也是必須的。不是特別數字的生日，會邀請大家午飯後到家裡吃甜點配咖啡（Kaffee und Kuchen）。如果是整數生日，例如五十或六十歲，生日派對就更盛大，像結婚一樣，全家族聚在一起，請外燴或樂隊助興大有人在。

當然，熱愛規則的德國人，連生日也有規則可循：

不能提前祝賀

提前慶祝，哪怕只是一句「生日快樂！」都不可以。這點對德國人極為重要，卻也是我們外國人最常犯的錯誤。除了家人，朋友、同事生日也一定要祝賀，無法見面可以打電話、寄卡片或傳訊息。在台灣，如果不是當天，我們習慣提前傳達祝福，表示我記得你的生日，而非事後，避免壽星認為可能是從別人那聽到、或臉書看到才記起來。但如果提前跟德國人說生日快樂，對方非但不領情，可能還會生氣！他們認為，提前祝賀會帶來厄運，就像一天還沒過完，誰都不知道會發生什麼事，是相同的道理。所以千萬不能提前祝賀，如果不巧生日在週末，也只能當日電話、簡訊祝賀，或是等週一。沒想到，講求實際的德國人，居然也有迷信的時候吧！

但有個狀況可以例外，是「準備進入生日」趴。這是什麼意思？如果生日在週六或週日，年輕人會在前一晚辦趴，但大家心照不宣，午夜之前要「假裝」是平常的派對，午夜過後才能大肆慶祝生日，很有趣吧！

壽星要自備蛋糕

台灣的職場，可能只有幾個比較熟的同事，知道你的生日，如果要慶祝，大家下班後私下約，不必在公司辦什麼慶生活動。德國剛好相反，雖然職場上不談私事，但生日這件事情，大家都會知道。以我的公司為例，有個不成文的活動，同事會集資包紅包給壽星，不多，就五歐元，也不強迫，且這次的壽星，要幫下位壽星收紅包，一個接一個，不會有漏網之魚。而壽星會在當天，或者之後請大家吃東西。這是本公司的文化。**不過，在德國壽星要準備蛋糕給大家吃，可是不成文規矩，和我們是別人準備蛋糕，完全相反！**附帶一提，德國連生日蛋糕也「約定成俗」，大家習慣生日時吃「Marmorkuchen」——花圈狀的大理石蛋糕。

壽星要請客

我曾經被邀請去德國人的生日趴，她包下一間小酒吧的二樓，自己簡單佈置了場地，請了十幾位朋友，說好晚上八點開始。首先，我對這個時間有點困惑。八點吃飯對德國人絕對是太晚，但八點開喝又似乎太早，讓我一直游移不定要不要先吃晚餐？最後我還是吃了點東西才去。果然，大家真的只是喝酒，一杯接一杯，邊喝邊聊，我大約午夜過後離開，算很早，其他人喝到酒吧關門又續攤。離開前，我想分攤酒錢，卻被壽星婉拒，心裡很不好意思，覺得她包了場地又自己佈置，感覺好慘，而我只送了小禮物。後來才知道，原來在德國，壽星請客是天經地義，完全是我多慮了。

除了以上三點，**德國北部還有一個習俗，二十五歲的生日要特別慶祝。為什麼呢？因為二十五歲被認為是脫離「年輕」，邁向成熟的三十歲，所以很關鍵！**這一天，男性壽星會收到「Sockenkranz」（襪子花圈），把許多襪子綁在一條長繩子上，可能每隔一段距離可以喝一杯，或是安排小活動。因為德文裡有一句「Du alte Socke!」（你是個老襪子！）的形容，所以用襪子象徵你老了。而女性壽星則是一大串香煙盒，意思是「eine alte Schachtel」（一個老盒子）。這句形容詞實際上帶有貶義，尤其是針對未婚的年長女性。但用在生日活動上，大家可能覺得無傷大雅？

無論如何，在德國，生日就是要用心、用力、昭告天下地過！

3

德國潛規則

有錢 不一定有房！

不只我們這些外國人要租房，事實上，德國房屋自有率在五〇％上下（台灣約八五％），幾乎敬陪歐洲各國末座，只高於瑞士。換句話說，我們要和一半的德國人搶房！

為什麼德國人偏好租房而不買？這要從第二次世界大戰說起。經歷戰火的德國，許多房子被炸毀，經濟蕭條、百廢待舉。當時的政府為解決住的問題，廣建住宅供國民租用，並且立下許多對房客有保障的規矩，例如限制房租調漲的時間和百分比、房東不得任意解約、趕房客等，讓租房不會成為沈重的負擔。相對的，當時有財力買房的人太少，且從銀行取得貸款不易，因此大家習慣租房子而不買。長輩們有好的租房經驗，自然而然影響到下一代，加上沒有「有土斯有財」的觀念，買不買房就沒有那麼重要。

初到德國，我們除了一位同事，誰也不認識。住的問題，公司先幫我們租了三個月附家具的房子，是一個獨棟豪宅的「半地下室」，重新裝潢後出租。空間雖然不大，除了房間沒採光的缺點之外，住起來相當舒適，後來知道租金時，下巴都要掉下來。原來附家具的房子，價格真的好幾級跳！

為什麼公司願意租三個月那麼久？因為在德國找房很不容易，這點德國人很清楚。尤其杜塞道夫是工商大城，外來工作者很多，租房市場搶搶滾。我們在一句德文都不會的狀況下，面臨第一個考驗：找一個自己的家。

德國租房大概分兩大類，一種是「Wohngemeinschaft」，簡稱WG，指分租一間房，衛浴、廚房通常共用，私人空間只有房間（有的房間還不能上鎖），適合學生和單身年輕上班族。另一種是租整間公寓。除了有或沒有家具兩大類，沒家具還細分有沒有「廚房」？你沒看錯，出租的房子居然沒有廚房（管線當然有），而且佔八〇％的租屋市場。也就是說，德國人很習慣搬家時把廚房拆掉帶著走！問題是，每間房的大小、格局不一，一套廚具不可能適用每間公寓。所以，車庫或儲藏室有用不到的廚具也不奇怪。另一個解決方式，是把廚具賣給下一個房客。大家為了搶房，答應接手的機率很高。

除了以上兩種，還有一種「半地下室」的房子也很受歡迎！這種房子是由於地勢高低差，入口是地下室，另一面卻是花園或空地，所以稱「半」地下室。雖然有一半都沒光線和窗，但花園和空地可以彌補這個缺陷，加上房租便宜許多，因此頗為搶手。

無論是WG或整間公寓，大家都是從網路上，透過租屋網站尋找。這裡要特別提醒大家，德國網路詐騙也曾出不窮，不僅照片美輪美奐，價格誘人，對方若知道你是外國人，還會特別用英文溝通，讓你覺得親切，卸下防備不疑有他。**防騙守則是，還沒看房、簽約前，千萬不要轉帳！**

德國人不喜歡把房子租給外國人！他們覺得文化不同可能不好溝通，日後衍生出不必要的問題，所以不是有錢就租得到房子。為了增加租屋成功率，避免雞同鴨講，我們在網站上挑選了三間房後，請德國同事聯絡看房事宜。

第一間是仲介代租，對方聽到我們是外國人，不會講德文，有點為難的說，「屋主是位老太太，不會英文，日後的溝通可能會有問題……。」連看房的機會都沒有，馬上碰了軟釘子。當時我們很驚訝，房東最在意的不是按時收到房租嗎？平時沒事最好不聯絡，會不會德文這麼重要？

第二間是房東自租，我印象很深刻，那天是週三，房東知道我們是外國人，還是同意讓我們看房，不過他說：「這個週末小鎮有慶典，所以我會喝醉……讓我想想，你們下週二再打來約吧！」從週末醉到下週，會不會太誇張了點！

第三間也是房東自租，房東是外科醫生，羅馬尼亞移民，住在德國十幾年。電話中大致問我們的工作、家庭成員，約好時間，我們終於有房可以看了！

看過房子後，魚先生和我都覺得不錯。但可不像台灣，錢捧上，簽約就好。接下來，我們要跟其他有興趣的人競爭，向房東推銷自己是一時之選，「選我！

選我！」歐洲社會福利好的國家，都很保障房客，德國也不例外（註）。請神容易送神難！這也是房東們小心翼翼的原因。加上租屋市場僧多粥少，房東為大，競爭之激烈，除了必需的基本資料，例如薪資單外，**很多租屋者會製作一本「履歷」。內容包括自己的家庭狀況、收入、興趣嗜好、彩色照片等做成一本簡歷，向房東推薦自己是多優質的租客，進而租到房子。**據說，履歷上表明自己「愛乾淨」，成功機率大很多。

我們當時還涉世未深，不知道德國房市競爭如此激烈。可能上天眷顧，後來順利租到這間房子。我們臆測，魚先生在一間國際大公司的德國分公司工作，收入穩定；加上年輕夫妻沒小孩也沒寵物，這兩個因素應該加分很多。收到房東的好消息時，天真的我們，還試探性的詢問，有沒有可能三個月之後再開始租？沒想到，房東正好也想整理一下房子，三個月之後沒問題！雖然看房一波三折，但看一間房就順利承租，這種好運氣，應該羨煞很多人吧！

註：雖然法律很保護房客，但惡房東也不少，因此有個 Deutscher Mieterbund 租屋者協會，專門幫會員處理和房東的租屋糾紛。

自己來 才夠真男人！

記得看房的當天，一進門，房東笑咪咪的迎接我們，帶我們參觀公寓。這間房之前是房東自住，屋況、採光都很好。不過我發現，**整間房子「什麼都沒有！」跟新成屋一樣，只有外殼**。天花板掛著被剪斷的電線，沒有電燈，幾個地方有接燈泡，才不至於整間屋子沒有光線；沒有衣櫥、窗簾不算奇怪，但連掛窗簾的桿子都沒有！走到陽台，發現花台裡有被鋸斷的樹根……連植栽都不能留下！越看越覺得驚奇。我們後來才知道，原來在德國租房子，只能租到一個空殼。因為德國人認為所有的擺設，都屬於「個人品味」（包含電燈、窗簾桿），除非下任房客同意接收，否則一律要清空。

看到這種屋況，我一則以喜、一則以憂。喜的是，完全可以依照我們喜歡的樣式來佈置；憂的是，我們搬到德國前，住在公司安排的房子，完全沒有大家具，只有細軟、小東西，所以一切要從頭開始。這也表示，要花一筆不小的錢添購家具。

或許是因為這種租屋文化，或許是因為人工貴又不好請，或許是反正生活簡單時間多，或許是重視居家環境，或許以上皆是……。無論是哪個答案，德國人就是愛DIY，就算不是自己的房子，也要這裡弄一下、那邊換個顏色，週末的休閒活動之一，就是逛DIY賣場。而工欲善其事，必先利其器，**據說，德國男人一定要有工具箱才MAN！**而且，不像我們，家裡有兩個螺絲起子，一隻板手、可能還有一支鎚子，就覺得滿足。他們的工具箱裡，可是各式工具、尺寸一應俱全。像我的一個同事，車庫就像小工具間，連電鑽、電鋸都有。

以德國人務實的民族性，不難理解！他們有多愛自己動手？我們有個朋友，用很便宜的價格，租了一間以前可能是倉庫的地方。屋頂很高，空間很大，但除了廁所，完全沒隔間，也沒廚房。他和女友搬進去住，一邊利用工作之餘整修房子。我們曾經去幫忙灌廚房檯面的水泥，所以印象非常深刻。他工作很忙，拖了很久才弄好，但不得不說，完工後的廚房真的很美，整個住家很像雜誌上專業設計的工業風 loft。

因為大家喜歡 DIY，讓德國的 DIY 產業位居歐洲龍頭，其中最熱門的項目是油漆和組裝家具。說到組裝家具，當然一定要提「Ikea」宜家家居。

Ikea 在世界各地都很受歡迎，德國也不例外。除了可以用親民的價格，買到品質不錯的產品之外，送貨／取貨快速也是個關鍵。開始找家具後，我們才發現，**無論是連鎖家具店或網路商店，送貨所需時間一律是六～八週！**今日下單不求明日抵達，但六～八週也太久了吧？如果不能等，Ikea 就是首選。車子夠大的話，自行載送，馬上就能拿到貨品，無需等待。而普遍沒有廚房的租屋市場，也讓 Ikea 的廚具部門永遠門庭若市。從一人住的簡單廚房，到有中島的家庭豪華廚房，應有盡有，種類之多，算是德國 Ikea 的特色。

我們雖然有廚房，但一些大家具，例如衣櫥，也是從Ikea購買。問題是，這種大型家具的木板，幾片疊起來重量不輕。手無縛雞之力的我，無法和魚先生一起搬上三樓，還得請同事幫忙。只能說，在DIY這條路，和德國女人相比，我看不到她們的車尾燈，不是想做就能做到！

Ikea只能算是入門級的DIY，它組裝方便，不太需要特殊工具和技巧。其他大型連鎖店，像OBI或Bauhaus，才是玩家級的聖地。從裁切木材、油漆，浴室、廚房各種設備耗材，到花園石材噴泉，應有盡有，連專業的水電工，都會去那裡採買。舉個例子，你可以買到溫室的建材，或大型烤箱裝在家裡，夠酷吧！商店的一角還會有小咖啡廳，可見大家花多少時間在裡面。

不過，沒有三兩三，不要上梁山。走進這種專業DIY店之前，請做足功課。如果對需要的東西沒概念，希望找到一個店員幫你解決問題，那就大錯特錯。你需要一個螺絲？幾號？尺寸大小？要木板，我們有好幾種，需要哪一種？他們會很樂意提供資訊，和你一起討論出解決方式，但絕不會替你做決定。你一問三不知的行為，只會獲得對方「你在哈囉？」的反應。

修繕自己的住家，對德國人來說算小事，因為他們連房子都能自己蓋，對我們來說很不可思議，但對他們只是需要騰出時間動手。當然，設計圖是請專業人士畫，經過市政府審查通過，所以安全無虞（註）。接著，可以花大錢請廠商施工，或是自己來。通常買地蓋房子的人，都是看準比買成屋划算，自己動手不但省工錢，也凝聚家人（大家會一起幫忙）關係，建立和房子的情感橋樑，因此動員家庭成員一起蓋房，在德國也不少見。

我和魚先生都不是DIY能手，但經過德國的洗禮，油漆、組裝、打洞裝燈、裝窗簾這些事，已經難不倒我們，算是德國生活意外的收穫！

註：德國還有一種叫做Fertighaus，預先設計的房屋，有點像是量產的設計圖，可以依據喜好挑選。建材因為是大批訂購，因此房屋造價不高，也不需要自行動手，省錢、省時也省事。

什麼都要「超前部署」！

很幸運地，在抵達德國後第二週，我們就找到房子，而且房東因為想趁機「整理」一下房子，同意兩個多月後再入住。對我們來說，一來，省下前三個月的房租；二來，我們沒有任何大型家具，必須從零開始打造屬於我們的家。這個時間點很完美，一切都安排得剛剛好！

在異鄉，因為對品牌、當地熱門的樣式一無所知，因此要打造一個自己喜歡的家不容易；在語言不通，舉目無親的國家，難上加難。

租賃合約簽妥後，除了上班時間，我們都在找家具。透過網路，找到幾間大型連鎖家具店，還有幾個網站，也花了好幾天逛賣場。說實話，沒看到令人驚豔的商品，但還是得從中挑一個。好不容易找到接近我們心中期望的沙發，幸運的是，那組沙發有庫存，正覺得一切都非常順利，要簽下買賣契約時，突然發現送貨等待時間居然要八週！

店員說是標準程序，當下我們半信半疑。連鎖家具店應該有倉庫吧？從德國哪裡開來要八週？就算從訂貨開始做，也不需要兩個月吧？一度覺得店員看我們是外國人，呼隆我們。後來跟同事確認，才知道**在德國的送貨等待時間六～八週很正常！這就是「不加班」的德國生活。想要入住時樣樣齊全，超前部署不是選擇，而是必要！**

知道這個潛規則後，我們絲毫不敢懈怠，加緊腳步找其他的家具，尤其是床（其他家具沒有沒關係，但沒有床要睡哪）。此外，德國送貨方式也很有趣，不是約某天的幾點，而是兩個時段，例如早上八點到下午一點，或下午二點到六點。這段時間的任何時間點都有可能，一定要有人在家等，錯過，又得重新安排送貨時間，可能又是好幾天之後。

最後，我們在連鎖家具店訂沙發，在網路家具店找到床，在Ikea買衣櫃（自取）和床墊（送貨）。沒想到，最讓我失望的居然是Ikea。送床墊當天，只有我在家，剛好魚先生以前在義大利的一些小家具也送到，兩個義大利送貨員上上下下把東西搬進家裡。接到Ikea送貨抵達的訊息，我馬上下樓，對方看到我，從貨櫃車上把King Size的床墊搬下來，跟著我走進大樓。進了大樓門後，突然把床墊靠牆放，拿出一張紙叫我簽收。那時我根本不會德文，比手畫腳表示我住在三樓，但對方很堅定的說，送貨送進門口，指的是大樓門口。還交代我，怎麼搬才不會磨到樓梯油漆……。

初到德國的我，什麼都不知道，被唬得一愣一愣，傻傻地簽了送貨單，看著送貨員揚長而去。只好回頭去拜託那兩位義大利送貨員，幸好他們也願意，不然我真的不知道要如何處理。後來跟朋友確認，才知道自己被騙，送貨員理當把床墊搬到家裡去。只能說，到新的地方總要繳點學費！

除了送貨等待時間長，收包裹也是很多人傷腦筋的問題。包裹遞送時間，也是大家上班、上學時間，總不能為了收包裹請假一天吧？德國公寓也不像台灣有管理員能代收。我的公司比較佛心，允許員工將包裹寄到公司，絕對不會錯過。寄到家裡的，只能期望包裹不會失蹤。為什麼呢？送貨員也知道，大家不是閒閒沒事在家等，為了投遞方便，收件人沒回應時，會按鄰居的門鈴，請他們代收，當然收貨人會簽名。如果只是隔壁、樓上樓下鄰居都無妨，還能藉機聯絡一下感情。但有時候會延伸到隔壁棟、對街鄰居，可能不太認識，有點尷尬。不過，只要收得到包裹，大家都不會有怨言，偏偏包裹失蹤的事件時有所聞。

送貨員不是都會請人簽收，怎麼會不見？問題在於，收件人的簽名，很多跟鬼畫符一樣，不說別人，連我自己都是在螢幕上隨便畫兩下，有東西就好。比較認真的送貨員，會詢問對方姓氏，但若有心人謊報，很難追查，只能自認倒楣。有時也不是故意，像亞洲人的姓氏，他們拼錯的機率很高。

每回聽到朋友的包裹掉了，腦中就浮現一個疑問：德國人的認真、嚴謹這時都到哪去，不是應該有所發揮？和我們使命必達的中華郵政相差太遠了！

原來這才叫做乾淨！

我家不在熱鬧的市中心，平時非常安靜。有天早上，突然聽到一陣，不知從哪兒傳來的沙沙聲音？循聲走到陽台，發現樓下鄰居正拿著菜瓜布，認真的刷洗陽台的女兒牆！那時我們才剛到德國，對德國人愛乾淨的程度，真的是大開眼界。當然，並不是所有德國人都愛乾淨，但比例上來說，愛乾淨的人佔大多數，從住家的外觀就略知一二。

剛搬到新家，閒暇之餘我們會在附近散步，運動兼認識附近的環境。我發現，幾乎家家戶戶都是窗明几淨，門前的花草也都修剪整齊。很多公寓有大片的落地門窗，在陽光照射下，乾淨到像面鏡子。我跟魚先生開玩笑說，我打掃的標準，在德國人眼中可能只是勉強及格。就像陽台的女兒牆，我永遠都不會想到要去刷洗。

樓下的鄰居可能真的特別愛乾淨。他家的地下儲藏室，東西擺得整整齊齊；洗衣機每次用完一定擦拭一遍；陽台上的花台，也永遠都有美麗的花朵，這些都讓我望塵莫及！但其他戶也不遑多讓，隔壁鄰居的陽台，雖然不是隨時花團錦簇，但草木也時常修剪。地下室洗衣房，七台洗衣機一字排開，每台無論機齡多寡，都是「白帥帥」。大樓清潔阿姨一週打掃一次，但樓梯間總是乾乾淨淨。

我還沒找到工作前，包辦所有的家事；開始工作後，我們就請了打掃阿姨。從她的身上，我看到更多德國人對於「清潔」的要求。

打掃，不只是吸塵、擦地，偶爾擦窗戶而已。她有辦法穿著室內鞋，把淋浴間包括玻璃，擦得完全沒水漬，每個水龍頭擦得波亮；打掃完，廚房水槽連一滴水都沒有。每週三小時，她不只做重複的工作，會看家裡的狀況調整。有時擦所有的窗戶，有時擦冰箱內部，有時把廚房櫥櫃內、抽油煙機通通擦一遍……，這些工作，我們通常只有過年前才會大清理一番，我也才知道，這些對於德國人都屬於平時應該要做的清潔。這也難怪，我們搬進新家時，有預期要先打掃一番，但整個家裡一塵不染，根本不需要。

不只是室內，德國人也重視公共區域和大樓周邊的整潔。如果和室友同住，或是住在德國西南的巴登符騰堡區，或許有聽過「Kehrwoche」（清潔週），顧名思義這週得要做清潔工作。這個制度從十五世紀開始，為改善居家環境整潔，各個住戶必須輪流打掃公共區域，包括走廊、樓梯、公寓周遭。很認真執行的公寓，還會有個「Kehrwoche」掛牌，掛在當週負責住戶的門上，和我們就學時的值日生意思一樣。這項制度後來被廢除，大部分的公寓都是請人清潔，但少數想省錢的住宅，仍然是由住戶輪流清掃。

工欲善其事，必先利其器。因為愛乾淨、愛打掃，德國的清潔用品也非常好用。他們講究的，不僅是使用起來方便、有效，還要夠環保。大家猜猜便宜又好用的清潔用品是什麼？答案是「白醋」。為什麼白醋好用？德國的水屬於硬水，很容易在水龍頭、玻璃留下白色的水垢。去除這種白垢，最有效的產品就是白醋。擦拭過後，水龍頭像新的一樣。噴在玻璃、鏡子上用報紙或乾布擦拭，效果也非常好。

除了把家裡打掃乾淨，德國人也很愛捻花惹草。在德國旅遊，傳統木屋加上美麗的窗台，讓人留下深刻的印象。為什麼窗台的花總是很美？因為花謝了就會馬上換新，家裡有陽台、花園的人，更是花時間、心力照顧；沒有陽台，也會在室內擺植栽，餐桌三不五時擺盆鮮花，所以賣相關產品（種籽、土、肥料、花盆等）的商店，隨處可見且生意興隆。

最後，出賣一下德國人。他們很注重居家的美觀整潔，但自身的清潔就……。可能是夏季比較短，不太有「揮汗如雨」的機會，或是為了省水？我不好意思問，所以不知道確切原因。很多德國人認為澡不必天天洗，兩三天（冬天甚至延長到一星期）洗一次就好。這已經超出「早上洗，還是晚上洗」的爭議範圍，我也尊重這是個人選擇，但如果一起工作的同事，一大早就有點味道，要忍受一整天是個很大的考驗啊！

千萬別小看公約！

德國幅員廣大，很多人住獨棟、有花園和院子的房子沒錯，但在大城市要有這種規格，收入要水準之上才行。一般在路上看到，外觀像一棟兩三層的大房子，內部其實是一間一間的公寓，大部分的人都是住這種房子。

來過德國的人，一定會對美麗的市容，留下深刻的印象，尤其是小鎮，這是因為住戶無法隨意更動外觀。不僅如此，建商或自建送審的設計圖，屋頂、外牆顏色、建材的選擇也有限制，如此一來，才能維持整體的諧和感。所以，不是你的房子就能愛怎麼弄就怎麼弄，或喜歡什麼顏色就用什麼顏色。**在德國，很多事情都有規範，公寓使用也是。**

看房時，我們注意到，廚房抽油煙機並沒有對外的通風口，只有濾網（但抽油煙機不就是要把油煙抽到外面嗎）。不只是習慣煎煮炒炸，做中菜的我，連來自義大利的魚先生都覺得不太實用。詢問房東，他面有難色地說，要在牆上鑽洞非常麻煩，要跟市政府提出申請，還要鄰居同意……。當時我們以為是推託之詞，入住後才知道，房東是認真的！

台灣的公寓大廈，法律上有管理條例，也設有管理委員會。德國的公寓，也有住戶公約，通常是委託管理公司管，但有個「Hausmeister」，專職的公寓管理人，他們大多都直接住在大樓裡。Hausmeister 可不像我們印象中的管理員伯伯，收收信、打掃一下門面就好。雖然沒有專門的訓練，但他的工作包山包海，除了大樓裡基本的設備維修、公共花園綠地的修剪、冬天要剷大樓外的雪、還要排解住戶之間的糾紛……，大部分的 Hausmeister 都上過些私人培訓課程，有些州甚至有 Hausmeister 執照，是個要嚴肅以對的職業。

德國人對外觀有多麼重視呢？這幾年德國的夏天越來越熱，很多人加裝冷氣。同社區隔壁棟的一戶鄰居，跟市政府申請通過，把室外機掛在側邊牆上，外面還包了木箱美化，已經做到盡善盡美，但仍引發隔壁鄰居強烈不滿。雖然不是正面相對，他們堅稱那個木箱醜化了側邊窗戶的風景。為此，隔壁鄰居還要求召開社區居民大會積極拉票，想用群眾的力量，逼那位鄰居拆掉室外機。

除了外觀，公約對於住戶的日常生活，更是有許多讓人意想不到的規定！德國西北部，氣候類型跟倫敦不相上下，晴朗的日子不多，秋冬更是又溼又冷。難得有陽光時，當然會想曬衣服、被子。但不是想曬就能曬，得看公約的內容，如果明文規定不行，得乖乖遵守。不能在陽台曬衣服，德國人也不常用烘衣機，要把衣服晾在哪裡呢？多數公寓在地下室有洗衣房，整棟樓的洗衣機都放在那，也可以晾衣服。不想讓大家看光光的人，會拿到家裡曬，反正有暖氣也會乾，但要注意濕氣問題，萬一太潮濕牆壁長霉就麻煩了！

衣服可以曬在公用的洗衣房，但其他公共區域可不能隨意擺放私人的東西。有小孩後，每次出門得把嬰兒車搬上搬下三層樓，很累（這時候會很想念台灣的電梯大樓），希望能把車放在大門旁邊。為此，我還寫了一封信，客氣地詢問是否同意，並放在每個鄰居的信箱裡，獲得大家同意後才敢理直氣壯的放。

另外，德國人很愛烤肉。有院子的在院子烤，住樓上就在陽台烤。我們入境隨俗，想買台烤肉架放在陽台，下單前為求保險先詢問房東，可以在陽台烤肉嗎？他回答，依據法律，每戶人家一個月至少可以在陽台上烤一次肉，若沒有鄰居抗議，烤幾次都沒有問題。關鍵來了，會有鄰居抗議嗎？會！我們住頂樓，旁邊是停車場，不會妨礙到任何人；但如果樓下鄰居常常烤肉，我可能也會受不了！

這種事通常大家私下溝通，講講就好，還特別明文規定，真的是規矩很多的國家。但換個角度想，這保障了被投訴人一個月至少烤一次肉的權利，好像也有道理。

倒垃圾也是門學問！

大家一定想不到，入住新家後，讓我傷腦筋的一件小事居然是怎麼倒垃圾？

台灣的資源回收率傲視全球，德國的資源回收也不遑多讓！雖然不用每晚等著「給愛麗絲」，但公寓底下黑、黃、咖啡三種不同顏色的垃圾箱，還有得自行拿到「Grüne Punkt」回收點回收的紙類和玻璃瓶，加上網路上密密麻麻的分類細目，讓看德文跟看天書差不多的我，很是頭痛！入住新居時，廚房水槽下，房東留下四個垃圾桶，後來才發現剛好跟分類的四大項相符。

德國的資源回收率約在六〇～七〇％之間，傲視歐洲各國。雖然說亂丟的人也大有人在，但多數人都會遵守。因為第一，法令明文規定必須要做垃圾分類，亂丟垃圾，輕則引來鄰居的責罵；重則會收到最高二千五百歐元的罰單。**沒錯，重罰之下必守規矩，二千五百歐（接近9萬台幣）可不是鬧著玩！**

第二、從教育做起，把觀念傳遞給下一代。**生活教育是德國教育裡重要的一環，很多規則都是這樣潛移默化，植入下一代的腦海裡，垃圾分類便是其中一項。**年輕的這一代，從小就在一定得做分類的環境中長大，不做分類可能還全身不對勁。

第三、身為地球公民的責任驅使。工業、科技的發展，為生活帶來許多便利，但對自然環境也造成許多傷害。做好資源回收，除了減輕地球的負擔之外，同時也會對當事人帶來為環保盡一份心力的感覺，一舉兩得。**尤其在注重環保的德國，大家更是把垃圾分類當作一項使命！**

做好垃圾分類後，也要知道什麼時候收垃圾。不像台灣，垃圾不是天天收，家用垃圾約兩星期才收一次（幸好天氣不太熱，不容易發臭）。資源回收也一樣，不同類還不同天，沒有固定的日期，所以市公所會統一製成月曆分送給各戶，讓大家知道收垃圾的時間。因為獨棟的住戶，要自己把垃圾桶推到人行道上，方便垃圾車一路開過去收。住公寓就不用操這個心，有專人會處理。

有趣的是，因為分類做得好，最常爆滿的不是裝「垃圾」的那個桶子，反而是黃色垃圾桶，也就是塑膠、罐頭和包裝類。

其實德國政府從幾年前，已積極推動商品減少包裝的觀念。去超市採買，除了自備大購物袋，買零售的蔬果，不使用超市提供的塑膠袋，散著拿給收銀員秤重，也不會被白眼，大家都知道這是為環境減塑。即便如此，生活中還是充滿超乎我們想像數量的塑膠類製品，常常發生拿下樓發現桶子滿了，又整袋提上來的情況。這時，我會很注意收塑膠類的日期，垃圾桶清空當天，迫不及待把堆在家的垃圾拿去丟。

另一個特別的地方，是回收點丟玻璃瓶有時間限制。沒錯，丟垃圾要看「良辰吉時」！事實上，這是一項體貼居民的規定（垃圾分類規定已經很多，連丟的時間都有規定，德國是不是規定太多了），玻璃瓶丟進桶子裡會產生很大的聲響，住在附近的居民都聽得見。**怕吵的德國人，規定平時最晚到七點，週日、假日完全不能丟玻璃瓶，很特別吧！**

住在德國要學好垃圾分類，到德國旅遊，則要注意飲料瓶常有押瓶費。記得小時候去「柑仔店」買米酒，都得多付幾塊錢的押瓶費，退瓶時歸還。在德國買飲料也是一樣，只要瓶身上印有「Pfand」這個字，結帳時會多收幾毛錢，退瓶時歸還。德國各超市都設有回收瓶罐的機器，把瓶子從圓孔放進去，機器滾一滾瓶子讀條碼之後，會印出一張收據。結帳時給收銀員，可折抵上面的金額，或要求兌現。因為瓶子能換錢，一些街友會在人潮聚集的地方，拿著垃圾袋跟人要瓶子。大家也很有默契地把空瓶子放在垃圾箱上，而不丟進垃圾箱裡，方便街友撿拾。

以上所提的回收項目，大家應該不陌生。但連**天然的聖誕樹，在過完節後都會回收再利用，真的不愧是致力於環保的大國！**

神奇的一把鑰匙

在台灣，鑰匙掉了，或忘了帶怎麼辦？家附近隨便找一間鎖匙行開鎖，順便重打一支，半小時就能解決。在德國，可沒這麼簡單！

大家有注意過，你有幾把鑰匙嗎？照理說，一扇門配一把鑰匙，公寓住戶通常會有樓下大門、自家鐵門和大門三把。若加上信箱、地下室……一串有個四、五把很平常。但我們交屋時，房東居然只給了一把鑰匙！當下以為沒給齊，之後再補，房東連忙解釋，**真的只有一把鑰匙**，**樓下大門**、**自家大門跟車庫**，**都能開**。出門帶一把鑰匙就好，很方便！

一把鑰匙能開自己家和全部的門，卻不能開鄰居家，真是神奇，像變魔術！其實原理不難，跟鎖芯設計有關。公寓大門為基礎鎖，各戶大門再加不同的鎖芯設計，這樣一來，大家的鑰匙都能開大門和自家門，但無法用於鄰居的門，其他的門也是以此類推。一把鑰匙的概念，據說是從中世紀流傳下來。不同層級的人，權力不同，能開啟的門也不同，只有領主夠資格開全部的門。想像領主帶著所有門的鑰匙，豈不是超大一串？因而產生一把鑰匙的設計，真的很有智慧！

這把鑰匙如此神奇，當然也不能隨便複製。規定很多的德國，連住家鑰匙也在管轄範圍內。基本上，每把鑰匙都有其專利，而專利權在設計者身上，未經允許擅自複製鑰匙，等於侵犯了專利權，是種犯罪。因此，你若傻傻地拿著鑰匙去鎖店打，一定會吃閉門羹。這種鑰匙有固定合作的店家，需要多的鑰匙，可以向房東要求，或是找公寓管理人，他會負責處理，或提供授權書，讓你自己去打。

那麼，如果鑰匙掉了該怎麼辦？千萬要保管好鑰匙！千萬要保管好鑰匙！千萬要保管好鑰匙！花錢事小，要告知嚴謹的德國人，房東、鄰居，你的鑰匙掉了，那種壓力不下於掉了樂透中獎彩券。光是因為鑰匙同時能開大樓大門，鄰居對於你將大家的居住安全，置入險境的那種質疑，就夠讓人無地自容。所以，要在德國好好地生存下去，鑰匙一定要好好保管。

雖然說花錢事小，但在德國換鎖，打鑰匙的費用絕對超乎你的想像。以我家一棟七戶來算，全部換鎖的價錢很可觀，所以德國連「鑰匙險」都有。另外，德國的門是一旦關上，從外面就無法打開。初到德國，還習慣台灣先帶上再鎖門的人，要確保鑰匙在身上才行。

但有其他省錢的方法嗎？大部分的人，會將一把備份鑰匙，交給住在附近可信任的朋友或家人。如此一來，就不怕忘記帶鑰匙出門，面臨被鎖在外面的窘境。

不過，神奇的鑰匙很重要，不想破財，隨身攜帶，好好保管才是上策！

租房難，退房更難！

我常開玩笑，生小孩雖然痛，但只痛一次；**德國租房要「痛」兩次，租房難、退房更難！**

租屋退房更是要超前部署！德國人喜歡白紙黑字，什麼都有「契約」，連買家具都會給個買賣約定，上面寫滿權利義務。這種一次性的契約只需要確認上面訊息無誤即可，但遇到有「時間性」的契約，一定要仔細研讀，得非常注意合約期限，以及提前告知的時間。舉裝設網路為例，一般合約是兩年期滿，如果沒有提前兩個月告知，會「自動」續約，中途無故毀約會面臨罰則。至於房屋租賃，要在搬家前三個月告知，否則房東有權扣押金。

德國人的嚴謹，在退房時表現得最淋漓盡致！退房時的糾紛真的太常見！

租屋入住時，要很仔細地查看屋況，細節也不要放過，最好一一拍照紀錄，或是白紙黑字記錄下來。千萬別因為房東看起來人很好就輕忽，否則在退房時，很可能會被要求修繕。

德國的水、電、暖氣費不是每個月精算，而是月扣某些金額，年末統計多退少補。因此房東有權在房客遷出後，扣著押金（一般是三個月的房租）等計算完費用再退款，最長可到六個月。一些房東會濫用這個權利，用各種理由推託，硬是要扣半年，對要搬離德國的外國人很不方便。六個月後順利拿到押金還好，有些房東會以「放大鏡」的程度檢查屋況，任何一點小瑕疵都要扣錢。

我們很幸運，遇到超級隨和的房東。

交屋前，在網路上看了不少前輩的血淚史，特別叮嚀魚先生，簽約前所有瑕疵要寫上，合約內容也要看清楚，免得日後有爭議。當天，房東帶著從網路上找到的英文合約，手寫附加幾點就準備簽約。我們整個房子走一趟，檢查屋況，發現木地板有一些敲打過的痕跡（房東有兩個男孩，一個小嬰兒），一一指出給房東看。房東雲淡風輕地說：「喔，這些我知道，如果你們覺得有必要，可以寫在合約裡。但房子本來就會舊，我覺得很正常。」接著說：「我的第一個房東，就是像拿著放大鏡，一吋一吋地檢查地板。」說完給了我們一個苦笑。

他這樣說，我們半信半疑，但也不好意思太機車，只意思意思寫了幾個比較明顯的地方，內心期望他是認真的。

住在那裡的期間，我們從來沒見過房東。只有入住沒多久時，他捎來訊息，問我們是否一切都好？女兒出生那年的聖誕假期，他特地帶禮物來拜訪，我們剛好回義大利，而讓他撲了空，只留下禮物。當預計要搬離德國時有點擔心，因為我們希望離開後，能盡快關掉銀行帳戶，前提是押金得入帳才行。

為了避免節外生枝，我們提前了好幾個月通知房東，特別請他來檢查屋況，看看哪裡需要我們修繕。還有，交屋時牆面是全白，我們後來自己漆了幾面牆，需不需要回復原狀？他看來看去，記下幾個他負責修理的地方（只要是在正常使用下的消耗品，是房東的責任，例如廁所裡的LED燈泡）說：「都很OK，關於油漆，如果新房客沒要求重漆，我也沒意見。至於押金，我大約算一下扣多少，剩下的直接匯給你。」

天啊～房東會不會太信任我們啦？原本以為要花一筆油漆費（房東說當初花了幾千歐元），後來應下任房客要求，只重刷一面牆，押金也在我們搬離之前入帳，整個過程超乎想像的簡單順利，真的是上輩子有燒好香！

事實上，我們給了房東方便，比規定更提前告知，讓他能尋找下任房客，無縫接軌。搬離隔天，他還特地傳訊息表示，感謝我們把屋況維持的這麼好。兩者雙贏！

不過，我們的西班牙朋友，就沒這麼幸運了！

我們離開德國後沒多久，他也因為工作的關係搬到法蘭克福。他們是一對年輕夫婦，沒有小孩，很愛乾淨，但房東要求搬走前，牆面要全部重漆一次（現在德國的法令有改，已經不能這樣要求）。他們找了油漆工來漆，還請仲介管理人來鑑定，一切沒問題。殊不知，人都已經搬到法蘭克福，接到通知說房東對於油漆不滿意，要求重漆，不然要扣押金。朋友推測，是因為他沒有找房東中意的那間油漆公司，所以被刁難，讓人很生氣！他找了類似「崔媽媽基金會」的租屋協會申訴，但沒成功，最後還是得重漆。

人都搬走了，但押金還在房東手上，很難遠距對抗，只能任人宰割。嘔的是，又多花一筆不小的錢。真的是「好房東帶你上天堂」，租房不易，退房難啊！

4

跟德國人打交道！

節儉還是小氣?!

前文提過，德國人生性節儉，覺得不該花的錢，一分一毫都不會多花。但如果沒拿捏好界線，一個不小心，節儉很可能變成小氣？

我從來沒見過臉皮如此厚的人！後來跟魚先生上司聊到這件事，他笑說：「沒想到你們才來沒多久，就遇到典型的德國人。」他接著說，**因為德國二戰後經濟很不好，物資缺乏，比較年長一點的人，經歷過苦日子，不但自己非常節省，還會想辦法從別的地方挖一點好處**。不是什麼大不了的事，但就是有點讓人討厭！

決定租房，簽完約之後，房東傳來一個訊息：「隔壁鄰居有一些東西在我的車庫裡，我有告知他們在幾月幾日前要移走。但他們會得寸進尺，你們自己看著辦！」收到這樣的訊息，我們很納悶，德國人不是都彬彬有禮，很守規矩，會得寸進尺到哪去？同時，心裡也有不好的預感！這棟公寓一層樓就兩戶，這樣的鄰居，可能日後相處不太容易？

尚未正式入住前的兩個週末，我們陸續把一些東西先搬過去。有一天，我們正忙著，朋友也來幫忙，門鈴響了，是隔壁鄰居，一對約五十歲左右的夫婦。打完招呼，他們開門見山就問，有沒有時間到他們家喝杯咖啡？「我們要談談車庫的事。你們房東之前讓我們放東西。」老婆說，完全沒提到其他的選項，是不是要一起租？或是詢問我們繼續使用的可能性。因為先前房東的訊息，我們早有準備，決定先下手為強。「喔！關於車庫，房東提過，你們會在某月某日前把東西清空，鑰匙還給我們，對吧？」

收起原本的笑臉，先生馬上表示，他們沒地方擺腳踏車。我心想，車庫我們也是花錢租的，你擺明是要用免錢。但還沒入住，還是別撕破臉。我好聲好氣但態度堅定的說：「你們跟房東的協議，我們不清楚。但房東很清楚表示，在某月某日前車庫會清空。」我話還沒說完，鄰居老婆臉色一沉，馬上拉著老公，招呼都沒打轉頭就進家門。

車庫裡有幾輛腳踏車和一半的木柴是鄰居的，另一半屬於房東，他沒搬走，要留給我們用。後來鄰居果真說話算話，把車庫清空，不過居然連房東的木柴也一起搬走了！我們看到空空如也的車庫，真的哭笑不得！那些木柴沒多少錢，但宣稱沒地方放腳踏車，卻把別人的木柴一起搬走？這種神邏輯，我是由衷的佩服！

正式遷入之後，彼此只有在公共空間不期而遇時打招呼，還算相安無事。不過，事情還沒完，四個月後，冬天過去，春天剛開始的時節，鄰居老婆又來敲門，這次是要借用我家陽台上的水龍頭！

這棟樓的陽台滿大的，每戶都放了桌椅，陽台和室內用一扇很大的落地玻璃門間隔，還有扇大紗門。春天來臨，夏天就不遠了，也就是說使用陽台的頻率會大增。鄰居老婆跟我說，她家陽台沒有水龍頭，想從我家拉水管過去她家陽台洗紗門，十分鐘就好。一開始，我還以為我聽錯，那個水龍頭在另一側的牆角，所以她打算拉一條超長的水管，橫越我家陽台、中間的樓梯間，到她家陽台洗紗門？光是想像那個畫面，我都覺得不可思議！說實話，除了省水之外，我想不出其他理由。如果能從我家接水管，應該也能從她家裡接？雖然說德國的水不像台灣那麼便宜，但如此大費周章只為了省水，這已經不是節儉，而是小氣了吧！

我後來沒答應，從那時起她見到我們連招呼都不打。只能說一樣米養百種人，哪個國家都一樣，面對這種貪小便宜的鄰居，保持距離以策安全啊！

好鄰居要怎麼當?!

這棟大樓七間公寓，一半以上是退休人士，其中還有位年紀頗大的先生。他雖然因為年紀大行動緩慢，但仍然自己開車、採買、到地下室洗衣服，是位很獨立的老人。其他住戶都是沒小孩的中年人，所以整棟大樓無論是白天或晚上，都非常安靜，冬天門窗緊閉，整天在家可能聽不見任何一點聲音。

如果要我形容德式生活，簡單和安靜，一定是其中之二。

德國生活真的很單純，大部分的人平時上班下班，假日往戶外走，大小節日參加慶祝活動，啤酒少不了。除了旅行，花很多時間在家，不是打掃整理，就是看電視。他們似乎很獨立，重視隱私，喜歡有自己的空間，不像我們會呼朋引伴，一起做些什麼消磨時間。正因如此，**德國人對於居家安寧，講究到一個極致的地步，很怕吵，甚至有所謂的「Ruhezeiten」（安靜時間）**。

什麼是安靜時間呢？在規定的時間裡，不應該（其實是不可以）製造噪音。需要保持安靜的時段，各州、各城市，甚至各公寓的規定，可能有些不同，一般是週一到週五的下午一點到三點、晚上十點到早上六點；週六是晚上七點之後；週日和假日則是全天。

安靜時間是從以前約定成俗的規矩，一直沿用到現在。週間下午，大家比較不會計較，畢竟現代生活比古早忙碌太多，真的要刻意安靜兩小時，很多計畫都會延遲。但**晚上和假日，他們對噪音的容忍度趨近於零**。晚上十點之後，就算是在自家陽台，鄰居若覺得你說話太大聲，可以報警，而警察完全不覺得這是小事，會非常嚴肅地處理。開趴的聲音若過大，規勸不聽，甚至會收到上百歐的罰單。當然，如果有特殊事件，例如生日、節日，想和朋友熱鬧一下，貼張紙條先和鄰居打聲招呼，大家都能接受。

因為我們是外國人，搬進去之前，房東有先告知我們，德國人非常注重週日跟假日的安寧。到什麼程度呢？連洗衣機、吸塵器都不能用，更不用提除草或修理東西這種活動。我後來也注意到，公寓洗衣房門上貼著「晚上十點之後請勿使用」的告示。當然，這也可能跟本棟公寓居民多為退休人士有關。

為什麼週日、假日要保持安靜呢？可以歸納出兩個理由：一來，大家休假都在家，噪音總是會讓人心情不悅；二來，從宗教的角度來說，週日是「休息日」，應該什麼事都不做（因此德國週日只有餐廳、咖啡廳，跟特殊地理位置，例如火車站的小商店有開門）。當然，如果不會影響到鄰居，在家裡要做什麼事，沒人管得著。

德國人如此注重安寧，房子隔音不好可能也是個因素。德國房子蓋得很堅固，很多都是幾十年、上百年的屋齡，屋況都很好，但隔音不見得理想。像我家不太聽得見外面的聲音，但有時能聽到一牆之隔鄰居說話的聲音。有些住家，電視或音樂音量較大，會傳到鄰居家；其中一間敲打，整棟樓都能聽見；家裡有小孩的，也得隨時注意，因為噪音跟鄰居吵架、翻臉的事件時有所聞。

噪音會讓人煩躁，沒人喜歡很正常，但練習樂器呢？在歐洲，因為在家練習而被鄰居抱怨、騷擾，甚至趕走的例子不在少數。所以看房時，我特別問房東能不能彈鋼琴？房東說自己有電吉他跟爵士鼓，從來沒人抱怨，我才放心。家裡安頓好後，我租了台鋼琴，有空時練一下，但會注意避開「安靜時間」。鄰居看到我都表示彈得好聽，我以為一切都沒問題，直到有天壓力鍋被掀開。

某個週六下午，我才彈沒多久，樓下鄰居衝上來罵人。不誇張，我一開門，他就對著我罵。我雖然試著解釋週六可以彈，但他完全不聽我說，堅持週末一律都不行，語畢氣沖沖地離開。我實在感到很生氣，回頭跟魚先生討論，雖然很氣鄰居的態度，但為了不要再生風波，當下就不繼續彈。事後，為了敦親睦鄰，我們甚至帶了一瓶酒去道歉。他或許氣消了，態度還算好，不過後來看到我，常裝作沒看到。

這時，會想到台灣的好。我在台灣，從小練琴練到大，沒被鄰居抗議過，愛練多久練多久。經過那次事件，後來練琴都有壓力，不知道會不會又惹怒鄰居。**在德國，想跟鄰居保持良好關係，基本條件，學著跟貓一樣，輕巧、靜悄悄！**

求職履歷也要很德國！

很多人好奇，德國好找工作嗎？容易，也不容易。假如你的專長是理工、工業設計方面，工作不難找，語言能力要求也不高；但是其他領域，像文、法、商，若德文不夠流利就很不好找。加上德國很重視學歷，這類工作大多要求本科畢業才行。

德文學了一段時間後，萌生找工作的念頭。因為平時生活中不太會用到德文，想多和德國人接觸，多練習，能提升德文能力。我清楚自己的語文能力，還無法進入德國當地公司，目標鎖定能使用英、法文的工作。用英文履歷投了很多工作，但只收到兩個回音，偏偏工作時間、地點都不太合適，其他的都石沈大海（會正式回信拒絕的公司很少，no news is BAD news）。雖然大家都說，在德國找工作，時間拖很久、投上百個履歷很正常，而且公司動作很慢。但一直沒正面的消息，很難不讓人挫折！

因緣際會認識在獵人頭公司上班的朋友，談過之後才知道，德國職場很保守，有好多和我們邏輯很不一樣的地方。

首先，就算是想找說英文的工作，也要用德文寫德式履歷。

公司的人資主管，可能是有年紀的老先生、老太太，面對堆積如山的履歷，一眼看到不是習慣的語文或格式（註），不會花時間和力氣去研讀，直接丟進廢紙簍的可能性極高。無論你再怎麼優秀，一點機會也沒有。因此，就算想進國際公司，履歷還是要用德文和德國格式。

另外，履歷上的照片也是重點。一般來說，履歷沒有規定必須放照片，但多數人會放。不過，這張照片必須要能傳達你的個性，要有加分作用。換句話說，台灣很普遍的護照式大頭照，因為看起來過於呆板、沒個性，放在履歷上完全沒加分，還可能會扣分。這點讓我很驚訝！為了增加求職機會，還重拍了一張德式履歷照。

再者，求職不只是寄一份履歷，而是一份「profile」（個人檔案）。這份檔案包含：履歷、動機信、學歷及各項證書、前公司給的離職信等。其中，動機信要依每家公司徵人的條件做調整，這是找工作最花時間的東西，得仔細研讀徵人啟示，再依據其中符合自己條件的部分，在動機信裡加強。而很耐人尋味的，是前公司的離職信。

在台灣，能平順、不破壞關係離職，已經是不容易。若要離職公司幫你寫好話給新公司，應該是緣木求魚！大家別以為外國人不會意氣用事，我在安道爾兩次離職，雖然都有照規定做，但兩個老闆都不太高興。不過，德國法令規定，只要有正式僱傭關係，無論是正職還是兼職，舊東家都必須給離職信，且上面不能有任何不利於職員的用語。但上有政策下有對策，文字敘述上的眉角，明眼人還是看得出來。這種隱形的細節，才是找工作的魔鬼，就像是要不要寫家庭狀況？

德國勞權、兩性平等意識高漲，一些私人訊息，例如年齡、婚姻和家庭狀況（有沒有小孩？有計畫要生嗎？）可寫可不寫。如果選擇不寫，公司在面試時也不能拐彎抹角探聽，否則一旦不被錄取，面試者感覺是因為年齡或家庭的緣故，公司很可能挨告。德國的相關法院比較站在勞方的立場，這種官司公司勝算不大，所以面試官會很小心。規定是好意，但也使得公司為避免麻煩，乾脆直接跳過，讓女性在求職路上更艱難。

和朋友聊過之後，發現潛規則很多的德國，連求職也有一堆規矩。知道自己的問題在哪，把履歷修改成「德式」之後，收到回覆的機會大增。很可惜的是，都敗在我的德文還不夠好！直到有一天，魚先生說公司出貨部門需要一個「半職員工」（正式員工，一週只需工作一半的工時），他們想到我，問我的意願如何？當時手邊沒有更好的機會，加上公司也表明我隨時可以離職，不受限於法規，抱著先求有再求好的心態，我接下了這份工作。

踏破鐵鞋無覓處，得來全是靠關係！不諱言，拿到這份工作，是因為大家都認識。我也才知道，原來傳說中要靠「維他命 B」是真的！

找工作跟維他命有什麼關係？這裡說的維他命 B 不是吃的維他命，而是德文「Beziehung」（關係）這個字，大家戲稱維他命 B。看似嚴謹的德國人，應該凡事照規矩來，怎麼會靠關係呢？事實上，在德國找工作，有沒有關係差很多，有維他命 B 就成功了一半。為什麼呢？不只德國，歐洲勞權高的國家（例如法國）要辭退一個有永久合約的員工，得付出很大的代價。

我曾聽過，員工以身體狀況為由請長假，但每幾個月會回去上班一天，以便繼續合法請假。這樣的狀況持續兩年，讓公司很頭疼，也跟員工談過，但沒改善，最後不得已只能辭退，但公司因此付出一筆很高額的遣散費。所以站在公司的立場，與其雇用一位只面談過幾次、不清楚底細的陌生人，雇用之後衍生問題，還不如透過員工找人來的保險些。

所以說，找工作除了認真投履歷、準備面試之外，努力經營拓展人脈，是另一個重要的管道。人脈經營好，其他生活上的瑣事，例如找房、買車、找好醫生……，辦起來也會省時省力。有句玩笑話說：「有關係就沒關係」。不只在台灣好用，在德國也是！

註：德國的履歷格式有潛規則，項目順序必須是：個人資訊－工作經驗－學歷－證書－語言能力－電腦能力－興趣嗜好。左方欄位寫時間，右方條列細節，頁尾還要標頁數，長度在三頁之內即可。關於個人資訊欄，需依序寫出：姓名、住址、電話、郵件，順序不可更動。

職場話題聊什麼？

德國人看起來很正經嚴肅，應該不八卦？如果你這麼想就大錯特錯！德國人在自己的辦公室時，即便有另外的同事，彼此之間不太會聊天；但若是在茶水間不期而遇，彼此問候、小聊一下很正常。這時，就是流言傳來傳去的時候。

德國人素以敢言、直言聞名。有人說，就算說個笑話，裡面的資訊如果有誤，德國人還是會指出來。沒錯，**德國人會直接指出錯誤，也很敢據理力爭，只要有證據、能論理的，他們都會拿出來討論、甚至辯論**；但如果只是個人的看法，或是牽涉到他人的性格，他們就沒有這麼直接了。舉例來說，同事之間難免會有領導風格、處事態度的爭議，大家不想明說，但會像漣漪一樣慢慢形成不同的圈圈。身為外國人（圈外人）的我，便常常聽到哪些人現在是一掛，哪些人被排擠，彷彿學生時期再現。比較誇張的是，私底下抱怨，但表面還是關係友好。說穿了，人性不分國籍，每個國家都是什麼樣的人都有。

茶水間話題比較私密，午餐時間因為人多，話題又不同。

德國規定，大公司要有員工餐廳，是工作福利之一。本公司員工不多，沒有餐廳但有個大廚房，廚具、餐盤、調味品一應俱全，還有許多桌椅，員工可以自備午餐，或是現煮現吃，非常方便。午餐時間大家都聊什麼？年輕的同事什麼都聊，包括自己的感情生活；年紀稍長的，則會挑一些「社交話題」聊，例如：足球、旅遊等。

除了一些部門得輪班休息外，通常吃午餐的時間都差不多。大家每天的菜色，是最常引起討論的主題。德國人對吃真的不太講究，雖然午餐吃熱食，可能是冷凍披薩、微波食品，或超市的熟食，非常簡單，而且很便宜。有次一位同事帶了六隻微波烤雞翅，才二歐多，這樣就解決一餐，可見他們對吃真的很節省。我跟魚先生是公司唯二的外國人，如果當天是我準備的亞洲午餐，大家一定會問很多問題，這是什麼？那是什麼？味道怎樣？怎麼煮的？讓我不時有網紅便當開箱文的感覺。

如果是週一，話題一定繞著週末活動。德國人的週末，如果不是有房子要整修，就是從事健行、騎腳踏車等戶外活動；週間沒有和家人同住的，會和家人聚一聚；年輕的單身同事，可能看電視、打電動殺時間。德國週日很像空城，商店都沒開，我們所在的城市離荷蘭不遠，很多人會跑到荷蘭去逛街、買東西。這些都算比較普通，有些同事的興趣還真的很特別！

有個同事熱愛中世紀文化，別人是追星，他是會舟車勞頓，cosplay 去追德國各個「Medieval Festival」（中世紀節）！規模最大的，每年九月在漢堡舉行，公司好幾個同事都被拉著一起去。還有同事喜歡開飛機，玩「Slot car」（註）或是「Go-Kart」（卡丁車）。雖然是興趣，但他們完全不隨便，會花很多時間深入了解，還會參加同好活動。說起自己的嗜好來，都好像論文一樣，研究得很透徹！

在眾多話題裡面，我印象最深刻的是「減重」。亞洲人崇尚瘦就是美，減肥根本是女生一輩子的課題。沒想到本公司的德國人，不分男女，無論單身已婚，也在意體重計上的數字，尤其是放完聖誕和新年假期之後。

聖誕節、新年假期對德國人來說，和我們農曆新年一樣，是重要節日。慶祝節日嘛，加上天氣冷，都是大吃大喝，腰圍難免微幅成長些。回公司上班後，很有默契地，大家的午餐突然清淡起來，話題從過節吃了什麼，轉到吃什麼、做什麼運動，才能有效減重。認真的德國人可不只是坐而言，還會起而行。當下，幾個大男人開始下賭注，約定兩個月後來檢視，減重最多的人可以獨得全部的押注！這在台灣，大家說完可能笑一笑就算了，但德國人會認真執行，願賭服輸！

和同事一起吃午飯，還讓我發現一件眼界大開的事：德式洗碗法。有次同事煮午餐給大家吃，我自告奮勇當小幫手，中間她需要一個鍋子，我馬上動手清洗。洗碗機在台灣不普遍，無論喜不喜歡，大家都應該洗過碗吧？髒碗盤先用水沖一下，在海綿刷上倒一點洗碗精，刷洗完用清水沖乾淨。為了不要吃下太多洗碗精，媽媽都會說要沖乾淨一點！

我拿起鍋子，照著上面的方式，刷鍋子，開水龍頭，準備把泡泡沖乾淨。說時遲那時快，同事很驚訝地看著我說：「妳在做什麼？」我：「沖水啊？」她笑著說：「不用沖啦，擦乾淨就好。」這時換我嚇到，我說：「不用沖？？」後來我才知道，德國人對於水和電一向很節省，晚上在家看電視不開燈；對於我們水龍頭開著一直沖的洗法，覺得根本是浪費資源！

耳聞有些人妻和德國老公，互看不慣彼此洗碗的方式。他們怎麼洗呢？先把水槽裝溫熱水，倒入洗潔精，接著以油膩程度依序洗，先洗比較乾淨的杯子，再洗油膩的鍋碗瓢盆。在洗碗精水裡刷乾淨後，直接放到碗盤架上瀝水，接著拿布擦乾。你沒看錯，他們沒有再沖過一次水。一個水槽的水，能洗越多碗盤越好。洗碗精可以吃嗎？據同事的說法，洗碗精雖然不能直接喝，但裡面的成分也沒什麼毒性，不至於危害健康。想想好像有點道理，真是神奇！

和德國人聊天，大方向就是不要觸碰對方隱私，避免政治、宗教之類的話題。而且聊歸聊，千萬別以為聊得來就是朋友，跟對方掏心掏肺。對他們而言，同事只存在於上班時間，下班後，各自回歸自己的生活，公、私分得非常清楚。我們台式的人情味和熱情，對他們來說，可能有點吃不消！

註：Slot Car：電刷軌道車，軌道通電帶動迷你模型汽車。Slot Car是真實汽車的迷你模型，玩家還會自行改裝求取比賽勝利。比賽時玩家用手持遙控器控制，不僅要快，關鍵在於如何在彎道上不衝出軌道，以最短的時間跑完全程，國外已經流行很久。

德國職場求生守則

跟德國人共事，是怎麼回事？他們好相處嗎？工作真的很有效率嗎？開始工作後，發現很多「傳說中的傳說」，有的真，有的假。首先，德國人工作很有效率嗎？

這麼說好了，如果一件事情需要五個步驟完成，台灣人會自行研究出，能省略其中一兩個的工作模式；而德國人會依照五個步驟走。以速度來說，台灣人的效率當然比較高；以事情的完整度來看，可能就是德國勝出。是我們太靈活有彈性？還是他們太古板不知變通？各有各的擁護者。舉個例子，我上工沒多久就發現，把裝貨品的盒子按客戶地址字母順序A～Z排列，在最後裝箱時比較好找，速度較快。但之前做這個工作的同事，是把先出來的貨擺前面。當她看到我的做法時，完全不覺得這是個好方法，反而覺得是我個人太龜毛？

但有件事情他們絕對遵守，那就是開會時間。嚴格地說，他們不但遵守，還會提前。因為在德國，如果是重要事件，準時不是在那個時間點到，而是要提前五～十分鐘。假設會議時間是十點，九點五十五分就要到會議室，大家入座、寒暄一下，十點準時開始。而會議的安排，可能一個月前就排定，如果不特別注意，很可能錯過。因此，**如果不想錯過任何該出席的會議，要做好自己的行事曆管理，是德式職場求生第一條法則**。

再者，要知道德國人如何應對進退，學會如何打招呼，如何說話。

第一次見面的同事，一定得打招呼。德國人不像拉丁語系民族，喜歡親來親去，打招呼的方式很簡單，無論男女都是握手。但**握手也不隨便，得眼神交會，手掌用一點力，握個幾秒鐘**。那種隨便碰一下的握法，會讓人覺得很沒誠意，對你印象很差。事實上，這種方式也套用在沒有很熟的朋友上，我每次都覺得很尷尬。對我們來說，握手通常發生在正式場合，特別是職場或是談生意；見過幾次面的朋友就是口頭問候，招招手、笑一下。伸出手去握，總覺得哪裡怪，但德國人很習以為常，你不握對方還會覺得沒禮貌。

至於說話，要學著有話直說，我們常用的客套語氣，對方不但完全聽不出你的「話中有話」，還會完全當真。例如我們很習慣跟同事說：「不急，你有時間再做。」你預期的或許是明天能得到回應，但德國人會真的以為完全不急，等哪天他排滿的工作進度表突然有空白時，才會來做你的事。因此，直接說出你預期收到的時間，會減少不必要的誤解，我是經過幾番奮鬥才悟出這個道理。

我的工作有時間壓力，因為每天快遞會準時來收件。有時製造部門的同事沒安排好，擠在最後一刻才出很多貨，我就得像八爪章魚一般跟時間賽跑。客服部門的同事，很多都做過這個工作，跟我關係不錯的有時會來關心一下。看我忙不過來時，會開口問：「需不需要幫忙？」我嘴巴回答好，心裡卻想著，你沒看還有這麼多貨沒裝？當然需要幫忙！有天我突然悟出這個道理，原來這是他們尊重同事的一種方式，沒有你的允許，不主動插手你的工作（因為我沒開口時，他們真的看一下就離開），他們的邏輯是，**需要幫忙，我一定會開口；沒有開口，等於不需要幫忙**。殊不知，我們是客氣啊！

在德國工作，我覺得很棒的一點是彈性上班時間，一週的工時在三十五～四十小時之間，就算是同一間公司，因為職務的不同，也可能有不同的工時，簽工作契約時會談妥。雖然基本工時是朝九晚五或六，但在不影響其他同事的情況下，可以自行決定你的上下班時間。像我有同事住比較遠，又搭車通勤，他會提早到辦公室，提早下班避開尖峰時間的人潮，開車或需要接送小孩的同事也是。有一點比較特別，大家都會希望提早，沒看過有人想要晚到晚走，因為德國人很習慣一天很早開始。冬天時，早上七點多已經看到許多人在辦公室工作了。

而有些人因為家庭狀況，可能需要固定某幾天在家工作，這都能和公司談，完全不會影響到你的考績表現。不過，公司給方便，大家千萬不能隨便。該上的時數一定要上滿，抽煙、喝咖啡、吃點心都得扣除，不能計算在內。大家可能會覺得，怎麼這麼計較，但換個角度想，走出公司抽根菸，至少十分鐘？一天如果抽五、六根，等於一小時，一個月下來等同放了好幾天假，驚人吧？

另一個特別的現象是，週五下午公司像空城。週五下午提早離開公司，是德國職場的不成文習慣。假設平時是下午六點下班，週五可能兩、三點就離開。當然，工作時數得從週一到週四補齊。一天多工作半小時到一小時，週五下午提前離開完全沒問題，不會有人有意見。上班族都知道，週五能提早離開辦公室，是件多麼幸福的事！週末可以提前開始，避開下班、出遊的車潮。不過我的上班時間剛好是下午，每到週五看到空蕩蕩的停車場，心裡真不是滋味，尤其是天氣好的夏天。

最後，無論同事多麼好相處，對你多好，不要期盼辦公室友情。台灣人很有人情味，到哪都能交朋友；德國人完全相反，把私生活和工作分得很清楚，下班時間一到，工作就拋在腦後。加上他們所謂的朋友，得從小一起長大、一起唸書，對於同事頂多稱為「Bekannt」（認識的人），不會特別花心思去經營，進而成為朋友。我在公司一年多，大家工作時都相處愉快，但下班後都是各走各的，從來沒有私下相約。因此，想要從同事圈找到朋友的人，可能要失望了！**這也是許多到德國工作的外國人共同的心聲，在德國交朋友，真是不容易啊！**

天大地大，休假的人最大！

如果曾經在亞洲工作，到德國上班簡直是到了天堂！常聽到的超時工作、壓力大、過勞等問題，完全不存在，上司還會很關心員工的身心靈健康，協助員工解決工作上的壓力和問題。以我的經驗為例，公司非常照顧員工，除了之前提過，幾乎每間公司都有的「彈性工作時間」之外，還有以下這些福利。

大家有沒有這種經驗，前一晚被蚊子吵沒睡好；一覺醒來，不明原因頭痛；或是莫名的不爽快，沒有一夜好眠的神清氣爽？這時，你會怎麼做？我相信大家不管再累，還是會多灌幾杯咖啡，打起精神出門上班。但在德國，你可以有不同的選擇。在我的公司，兩天以上的病假才需要提供醫生處方箋。也就是說，某天覺得很累，或是有點不舒服，打個電話口頭請假即可，完全不會有人追問原因，或有意見。當然，如果你三天兩頭使用這種特權，又是另外一回事了！

不過，真的需要請病假時呢？在台灣，除非萬不得已，體力真的無法負荷，才會請病假，還得看老闆、主管臉色；但在德國，不但理直氣壯，他們還會拜託你不要來上班。對我們來說，頭痛、一點咳嗽或打噴嚏，都只算身體微恙，不到不能上班上學的程度。因為這樣請假，大家會覺得你太懶惰，草莓族、公主病。德國剛好相反，如果在上班時間，你突然有點累、頭有點痛，同事一定馬上趕你回家，多留幾分鐘都不行！他們覺得，就算症狀輕微，都可能傳染給同事，這麼做不道德。再者，身體比工作重要，不值得賠上健康。

請病假需要醫生證明，如果不是什麼大病，醫生不會開藥，反而直接給假單，三到五天不等，讓你在家休養。他們覺得，身體有自己的修復機制。但一週工作天數也才五天，很容易一整個星期都不用上班。這麼「好康」的制度，不會有人濫用嗎？可能有！但主管也不是笨蛋，看你對自己的職涯有怎樣的規劃囉。

另外，我懷孕的時候好吃好睡，沒有任何不適，每天開心去上班。但接近生產月份時，主管一直跟我說，如果太累或是有任何不適，千萬不要勉強，也不一定要工作到最後一天，提前請假沒關係。是不是很佛心？事實上，德國法令很照顧準媽媽們，例如：只要一宣布懷孕，公司不得以任何理由辭退；法定的產假，從預產期前六週就開始。也就是說，不用辛苦工作到要生之前，而且只要你的醫生認為狀況不適合繼續工作，就可以在孕期中任何時間點開始請假（薪水當然會打折）。寫到這裡，我相信很多上班族媽媽一定非常羨慕！

而德國上班族從開始工作起，每年就有二十五～三十個工作天的帶薪年假，也就是整整五或六個星期，休不完還會被催著休。如果太忙最後真的無法休完，有些公司能折現，但大部分公司還是傾向員工把假休完。**他們相信，休息不是偷懶，而是走更長的路**。相較之下，我們的年假真的是杯水車薪。就算年資長，累積的休假天數不少，也很少能休一週以上的長假，因為代理職務的人可能會忙到翻臉；或是你明明在休假，還不斷接到公司電話，失去休假的意義。德國在這方面也很不一樣。

天大地大，休假為大！要打擾休假的同事，可能天真的要塌下來了。

在德國，休假的那位同事除非職務特殊，或者是主管階層，不然不一定有職務代理人。就算有職務代理人，大多只是掛名，除非必要且無法等，不會插手對方的工作。在私人公司大家會知道避開工作尖峰期，比如財務長不會選在報稅季節休假，但公家機關就不一定。如果你運氣不好，剛好那位辦事員休假，就得癡癡的等他回來，其他的同事就是兩手一攤，不會幫忙處裡，再怎麼緊急都一樣！不僅沒有職務代理人，同事也不會因為找不到某個檔案這類的事打攪你。休假時，若工作上有麻煩，同事、主管會想辦法解決，非到萬不得已，不會聯絡你。沒接電話、沒回 email，都不是問題。所以，當德國公司的員工，是不是很幸福？

不只這樣，公司也很鼓勵員工進修、上課或參加活動。我剛進公司時就發現，有些同事會在某天特別早離開，打聽之後才知道，其中一位是去上「騎馬」課。騎馬當然跟她的工作不相關，是個人嗜好。對公司來說，只要其他同事的工作沒被影響，而且工作時數有補足的話，算是「彈性上班」的一部分，完全沒問題。他們尊重員工到什麼程度？另一個同事提早下班，是因為參加AFD（註）政黨的活動。雖然這個政黨有一些爭議，但公司依舊同意他的申請，真的非常民主。

看到這裡，大家會不會像我一樣有個疑問：都不會有人鑽漏洞、佔便宜嗎？事實上，誠實在德國是很重要的一個特質，他們基本上相信大家會遵守規則，所以不預先設定立場。當然，人性並不完美，也真的有同事濫用公司的美意。這就牽涉到你如何看待這份工作，希不希望更上層樓？再怎麼完美的政策，遇到人常會破功。德國選擇以瑕不掩瑜的態度來回應，所以大部分的員工可以繼續享受這些福利。只能說，國情真的很不同。

聽起來，在德國工作好像只有優點沒有缺點？當然不是，我最不能適應的，是急驚風遇到慢郎中。大家想想，根據我以上所述，他們的工作速度快的起來嗎？每件事都有流程要跑，每個流程都慢條斯理，在亞洲一天之內可以做完的事，在德國可能要三天。但在人家的地盤上，就跟著「慢活」。由快入慢易，由慢到快……？可能得問一下在亞洲工作的德國人了。

註：AFD Alternative für Deutschland，極右派「德國另類選擇黨」。主張反伊斯蘭、反歐盟、反移民，在短短六年內迅速成長，成為德國第三大政黨。但其充滿種族歧視、挑起對立的言論，利用網路散布不實訊息和納粹思想，著實成為德國社會安定的不定時炸彈。

5

德國日常不平常

沒有閘門的地鐵

尖峰時間的台北捷運閘口，不絕於耳的逼逼打票聲，有時很令人懷念，因為在德國聽不到。一來，德國幅員廣大，工商業發展分散，那種摩肩接踵的景象很少出現；再者，**德國的地鐵根本沒有閘門，也就是說，任何人都能進到站內搭車**。

德國地鐵沒有阻擋通行的門，也不像一些國家，在入口前有打票機掛在柱子上，而是到了車廂內才打票。因此，買不買票，一切盡在人心。不設閘門，是因為德國人願意相信，乘客會誠實買票搭車；再加上無票乘車在德國是一種犯罪，累積三次無票搭車，要繳納高額的罰金，或是入獄一年的懲罰。據統計，在二〇一六年有七千多人因為這項罪名入獄服刑。重罰之下，想搭黑車的人還是會「三思」而行。

不過，搭車的時候，常常只有我一個人打票，是怎麼回事？原來只有持單程票的人需要打票，持有月票、年票的通勤族不用。當然，逃票的人還是有，所以不定期有查票人員，通常三、四個人一組隨車查票。他們不一定穿著制服，但一定會有識別證。

搬家後沒多久，我開始上德文密集班，週一到週五每天早上四個小時。因為天天要搭車，我決定買月票比較划算。國外的地鐵，跟台灣用距離計算票價不同，是以區域劃分。通常以市中心為基準點，劃為1、2、3、4……區，在同一區搭車的價錢固定，數字越大越遠，跨區的價錢越貴。很不巧地，我家剛好在1區外的第一站，雖然覺得冤，還是要買2區的票。開始上課之前，我花了很多時間看地鐵網站，研究要怎麼買月票，但還是一知半解。發現有票券App，但系統卻一直無法使用。於是我決定直接到地鐵站詢問站務人員。

但事情如果有那麼簡單，就不叫「德國」！

某天下課，我走進地鐵站想找服務台。從這頭出口走到另一頭，地下一層、二層來來回回走了好幾次，就是找不到。「可能是這個站比較小，所以沒有服務人員？」我心想。於是忍著飢腸轆轆的感覺，繼續走到下一個比較大的站。沒想到，找遍整個地鐵站，還是不見服務台，也沒有站務人員可以問，好奇怪！沒辦法，看看售票機有沒有好了？售票機有英文，我選了月票，還真的讓我買到跨區的票。當下很開心，能憑自己的力量解決問題，真的是太厲害了！

有了月票，搭車時不用再打票，覺得自己好像又更融入這裡的生活。幾天後，下課搭車回家時遇到查票，我信心滿滿地拿出月票，那種感覺就像考試前有充裕準備，怎麼考都不怕。查票員接過之後，等了一下看我沒動作，問：「另一張票呢？要跟另一張票一起用才行。」查票員這樣說，四周乘客的眼神，不約而同往這裡聚集，我也緊張起來。

我心想，另一張票是什麼？售票機只跑出這一張。「我不知道，我在售票機買的。」查票員表示只有這一張票不行，要和另一張一起用。緊接著，開始按手上的機器，準備要開罰單給我。頓時，我成了別人眼中逃票的乘客，又是亞洲面孔，不用看，都可以感覺到那種「外國人就是不誠實」的評判眼神。同時覺得好冤，花了很多時間研究，但資訊不清不楚，也找不到人問，整個就是悲從中來。

接過罰單，八十歐元，真的好貴！查票員說：「妳可以去服務中心申訴。」我趁機問清楚，原來整個市區只有兩個服務中心，而且都不在地鐵站裡，難怪怎麼找都找不到。後來我去申訴，真的成功，最後只需要付四歐元的手續費；也才知道，月票要跟一張類似身份證明的票同時使用，避免一張月票多人用的弊端。

不過是張月票，就搞得烏煙瘴氣，深深覺得台北的生活真是太便利！有小孩後，更覺得台灣捷運是世界第一。每個捷運站內，都有服務人員、電梯、廁所，還有許多貼心的設計。**在德國，一個站內，可能只有某幾個出口有手扶梯，電梯也不是每站都有**。路面行駛的路段，要跨兩個階梯上車，我身高中等，但不是很輕易就能跨上去（德國人腿好長），遑論推著娃娃車的媽媽。幸好通常會有好心人伸出援手，幫忙抬車，不然媽媽真的無語問蒼天。**連售票機這種最基本的設備，也不是每個地面地鐵站都有，是間隔一站設一個**。雖然車廂內也有，不過只收零錢或某種儲值卡，而且機器常故障。這時如果被查票，還是會收到罰單，還是你的錯！

無論如何，他們的邏輯是，相信大家會買票，但備好票上車是你的責任！

奔馳吧！在德國開車

德國市區的大眾運輸系統做得不錯，但如果離市區較遠，沒有車還是有點不方便。加上德國公司因為稅制的關係，配車給員工（屬薪資的一部分）很平常。公路系統四通八達，許多人不喜歡住在嘈雜的大城市，偏好清幽的小鎮，所以大家很習慣開車代步。

先搞定駕照！

外國人要在當地開車，先要搞定駕照。二〇二〇年之前，持有台灣駕照只能免筆試，還是要路考。德國也有駕駛訓練班，準備要考試前先去報名，駕訓班會指派一位教練給你，由他全程協助你考試。大部分的教練只會說德文，若要求會說英文的教練，費用較高。

德國駕訓班不像台灣有個場地，在場內繞來繞去；而是由教練帶著，直接開上路。上課的次數因人而異，等教練覺得你十拿九穩了，才能去報名考試。這種一對一的教學，好處是可以針對個人的問題加強；壞處是，好的教練帶你上天堂，但若遇到不好的，燒錢、拖時間又考不過！怎說是燒錢呢？台灣的駕訓班不便宜，但德國拿到駕照平均的花費，落在一千五百～二千歐之間，也就是一張駕照要台幣五萬以上，燒不燒錢？！

幸好，台德雙方達成協議，自二〇二〇年起，台灣的駕照經過翻譯可以直接更換德國駕照，對留學生和移居者真是一大福音。不過在這裡也要提醒大家，德國一些道路規則和台灣不同，得弄清楚再開上路。

優先行駛權

德國和台灣開車最不一樣的地方，是他們有「優先行駛權」制度。也就是在各種不同路況下，哪台車可以先走。

在沒有紅綠燈的小路口，大家會怎麼開？在美國，小路口都設有紅色 Stop 標誌，沒車也一定要停一下，先到的車可以先走。在台灣，沒號誌的路口，大家很憑感覺，第六感覺得沒車就衝衝衝；閃黃燈、閃紅燈的路口，似乎也比照辦理，若發生事故，通常是弱者佔上風。但在德國，右側的車有優先行使權，誰有優先權誰就對，錯的那方不但自己可能受傷，還要賠償另一方。因此，開車上路前，弄懂「誰比較大」很重要。解釋起來有點複雜，基本原則就是右側先行，遵守標誌。

行人、腳踏車等在台灣的弱勢族群，在德國享有尊榮禮遇。行人穿越道前要減速，就算沒有號誌，只要有人想通過，都得停下讓行人優先通行。腳踏車通常有自己的車道，如果在一般車道遇到腳踏車，得慢慢跟在後方，不能靠太近，再找時機超車。超車時，車身要和腳踏車保持至少一公尺半的距離，以確保騎車者的安全。他們很少按喇叭，只有婚禮車隊或足球賽贏球時，大家才會瘋狂亂按。此外，也不會亂變換車道。因此，當你打方向燈時，對方認為你是必須要換，會禮讓，而不會爭先恐後。

開車規矩很多，多數德國人都會遵守，只要熟悉路線，開起來很輕鬆愉快！還記得剛到德國沒幾天，就得獨自開車去接先生下班。因為路不是很熟，我一邊聽導航，一邊注意路況，整個人很緊張。在一個路口右轉後，有四線道，應該要馬上靠左邊兩線道。但轉過去，發現時已來不及，打了左轉方向燈，想變換車道，這時前方號誌變紅燈，車子就尷尬的斜跨中間兩線道，且右側兩道還是綠燈，可以繼續行駛，我等於擋住了右方一線的車道。那一刻心想，完了，這下會被「喇叭聲淹沒」。令我驚訝的是，完全沒有，後方的車輛靜靜地等我移動了，再繼續往前，真的有驚無險！

無限速高速公路

身為現代汽車的發明國（註），賓士、BMW都是「國產車」，連計程車都是賓士。還記得當年去旅遊，搭到賓士計程車的興奮心情！不過，這些都不夠看，無限速高速公路上，三不五時聽到厚重的引擎聲，又是一台超級跑車呼嘯而過，那才真的特別！搬到德國之前，早已耳聞這裡有「無限速」高速公路，覺得很好奇。怎麼可能不限速？不會撞在一起嗎？親自體驗後，才知道原來是這麼回事！

一九二一年，德國有了全世界第一條「汽車專用公路」，很短，不到三公里，而且是私人投資建設，目的是為了讓賽車手能安全地競速，跟大眾運輸毫無關係。所以，高速公路的前身，不是為了方便一般用路人，真的是為了「高速」而設立。即便後來遇到一九七三年石油危機，為了減少石油需求，不得已設下速限，實行一年後，又因民意宣布解除。

身為現代汽車的開山始祖，德國人對於車的性能要求很高。或許因為這樣，加上偶爾「突破規矩」的快感，讓無限速高速公路成為德國不宜碰觸的議題。事實上，基於全球暖化加劇，碳排放量居高不下，一些環保政黨，像綠黨，一直傾向提案設置速限。不過，就像《紐約時報》在柏林的負責人說：「德國人對公路限速的態度，好比美國人之於槍枝管制，以及日本人之於捕鯨。」這三件事，都有其不可撼動的歷史地位。對於大多數支持無限速的人來說，無論是碳排放或是安全因素，都能有其他的解決方式。

不過，並不是每一條高速公路都無限速，也不是整條高速公路從頭到尾都無限速，而是經過測量彎度、車流量，確定安全性無虞後，才決定哪些路段可以實施。據統計，德國大約有一萬二千公里的高速公路，約有七〇％沒有速限。

從我家到荷蘭邊界，剛好有無限速高速公路，交通順暢時到荷蘭只需要二十幾分鐘，開起來很過癮！而且高速公路的路面都維護得很好，駕駛起來非常平穩。但大家不要以為無限速能隨時狂飆，上下班尖峰時間和週五下午，城市周邊的高速公路都是塞、塞、塞。遇到這種狀況，就算無限速也飆不起來。

車遛人，還是人遛車?!

除了在無限速高速公路上奔馳，身為汽車生產大國的國民，德國人對於車子的愛好不限於現代汽車。許多人擁有不只一部車，平時以普通的車輛代步，但藏在車庫裡小心翼翼呵護的，通常是古董車、敞篷車，這一點和美國文化有點雷同。

這些汽車收藏家，對於自己的愛車可是瞭若指掌，講起車來都滔滔不絕。他們不止勤於保養，還會以車會友，相互交流，不時會看到一大群同款古董車同時出場，很是壯觀！除了古董車，德國「好野人」也愛收藏超級跑車。在杜塞道夫市中心的國王大道，兩側都是精品店、高級飯店，是重量級跑車匯集之地。每次逛到那裡，懂車的魚先生會指著某停車區塊說：「光是這幾個位子，加起來就好幾千萬歐元！」德國經濟實力，真的不容小覷！

台灣地狹人稠、氣候濕熱，很難讓人舒服的遊車河。但在地大人少的德國開車兜風，真的是一大享受。不只德國人，我和魚先生閒來無事，也喜歡開著車，在鄉間小路閒晃，欣賞美麗的風景。想休息時找個小鎮，吃個飯喝杯咖啡再散個步，德式慢活很是愜意！

註：一八八六年德國人Karl Benz（卡爾賓士），專利註冊一台他製造的有引擎的三輪汽車，為現代汽車的雛型。

德國人愛騎腳踏車

環境優美的德國，讓人從小就習慣戶外活動。我住的地方附近有很多森林綠地，沒下雨的週末，騎單車、健行、散步的人絡繹不絕，很多都是一家大小全員出動。冬天也不例外，禦寒裝備穿戴好，防風外套加帽子、圍巾、手套，照樣出門活動。

德國地廣人稀，城市裡的小孩可以搭大眾交通工具；但郊區或小鎮的小孩，只能靠腳踏車代步。在我居住的小鎮，上下學時間，路上非常多騎車的大、小朋友。從兩三歲開始，爸媽會買兩輪滑步車給小孩騎，隨著年紀漸長，換不同尺寸的腳踏車。上小學之後，學校也會教導騎乘腳踏車的規則，小學三年級有交通號誌筆試、四年級有路考，通過後拿到「腳踏車執照」。紮實訓練的結果，看德國人騎腳踏車，個個很有信心，輕鬆愉快；不像我，緊抓把手，有時搖搖晃晃，反差很大！

德國人愛騎腳踏車，除了眾所皆知的環保因素外，據我的觀察，錢也是個重點。在杜塞道夫，市區內搭乘地鐵的單程車票要將近三歐元，台幣近百元；月票要七、八十歐，將近台幣三千元，對一個家庭而言負擔不輕。相反的，大概三百歐元就能買到不錯、可以代步的新腳踏車，二手跳蚤市場更便宜（不過要小心買到贓貨），不花腦筋想也知道買腳踏車比搭車划算。且腳踏車也不需要加油，勤儉的德國人，當然選擇自己騎車，還能當成每日的運動，一舉數得！

說到運動，台灣通常把騎腳踏車當作休閒活動，偶爾出遊騎一下，反正也不用駕照，交通規則通通拋在腦後，愛怎麼騎就怎麼騎。若不小心發生事故，腳踏車算弱勢，輪不到騎士賠錢。**在德國，他們可是把腳踏車當成「車輛」看待，甚至訂有罰則**。有專用道，要騎在專用道上；要遵守一般交通規則，不能闖紅燈；左右轉要提前打手勢；使用手機或戴耳機會被罰，更不用說一邊騎一邊看手機；不得雙車併排騎乘，要一前一後。酒後也不能騎腳踏車（可能面臨吊扣駕駛執照的處罰），也不得逆向行駛。這些還只是一部分的規則，可見他們對騎腳踏車這件事，標準也很高。

因為使用的人多、又當成一般車輛看待，有時會排擠到行人的路權。有個不正式的街訪，德國人最討厭的觀光客行為，前幾名內，就有一項是「站在腳踏車道上，妨礙通行」。去過單車城市阿姆斯特丹的人，對兇狠的腳踏車騎士應該有印象。路面不寬又要讓車輛通行，導致人行道很狹窄。如果一不小心穿過界線，闖入自行車道，騎士是不會給好臉色。德國雖然沒那麼誇張，也相去不遠，每回推小孩出門總要小心翼翼。因為附近的人行道上，有不同顏色區分的自行車專用道，上學、放學時間，很多學生來回穿梭。偏偏有些地方，行人的區域很窄，有時剛好遇到自行車經過，對方可不會客氣。

很講究規矩的德國人，有時也挺讓人傷腦筋！他們的想法很直接，一個蘿蔔一個坑，這是腳踏車道，無論什麼理由，只要逾越雷池，都是你的錯！

搭國鐵，一切靠自己！

「Deutsche Bahn」德國國鐵，很棒？

除了租車自駕，搭火車遊德國，也是個省時方便的選擇。幾年前來歐洲自助旅行，搭火車穿越德國南部，常要在幾分鐘內，從這班車換到另一班，都銜接得很完美，對於準時的德國火車，留下深刻的印象。那時候的德國國鐵，真的很棒！**近幾年，因為硬體設施太久沒維護更新，設備故障或是施工，導致火車誤點變成家常便飯。這不打緊，一旦有誤點或取消的狀況，廣播只有德文，站務人員也不會主動提供協助，一切都要靠自己！**

去年有朋友從法國來拜訪我，之後計畫到瑞士另一個朋友家。當天早上，我開車送她到火車站。沒想到市區有抗議活動導致塞車，原本可以從容不迫，頓時變成必須在車站內狂奔，才可能趕上。朋友下車後，我又查了火車時刻，發現那班火車誤點八分鐘，鬆了一口氣，心想火車誤點一定能趕上。沒想到，天不從人願！她後來經過一番折騰，足足比原定的時間又多了好幾小時，才順利抵達目的地。

她後來告訴我，飛奔到月台時，火車還沒到，讓她放心不少。幾分鐘後，有輛車到了，當時不知道火車誤點，沒有多想就上車。火車開動後沒多久，查票員來了，看看她的票說，妳搭錯車了（幸好是買快車搭到慢車，不然說不定被罰錢）！不過，查票員完全沒有想協助她的意思。這時，旁邊一個婦人自告奮勇要幫忙。朋友在下一站下車後，那位婦人跟她說，要到另一個月台搭車。朋友依照指示，拉著行李上上下下，到另一個月台等車。

等啊等，十幾分鐘過去了，完全沒有車。她知道不能瞎等下去，看到月台上有個服務台便過去詢問。對方看了票，淡淡地說：「不是這個月台。」一就這麼一句，惜字如金。朋友硬著頭皮又問：「我已經搭錯一班車了，朋友在瑞士的車站等我，能不能幫幫我？」對方聽了，才不情不願地幫她查了月台。

另一個朋友更慘！他從巴黎要到德國的一個小城市參加婚禮，訂好週五下班後的車次，印好票：巴黎—法蘭克福，法蘭克福—小城市，接近午夜抵達。

從巴黎出發的車很準時，在法蘭克福時，他帶著滿是攝影器材、很重的行李，努力趕上下班車。坐定之後，覺得一切順利，好整以暇，一邊跟我們傳訊息聊天。時間一分一秒過去，很奇怪，已經是票上寫的到站時間，看看窗外一片漆黑，不像在市區；火車也維持高速行駛，絲毫沒有減速靠站的跡象，但也沒有廣播告知有任何異動。朋友問了隔壁的乘客，對方說，這班車好像沒停那個城市。什麼！他拿出票，對方也覺得莫名其妙。最詭異的是，之前查過票，查票員什麼都沒說！

完全狀況外的朋友，決定找工作人員問清楚。找到列車長室，看見包括車長在內，四個人聚在一起。朋友法文、英文都很好，但德文當然完全不通。他客氣地用英文問，沒想到，他們先是一陣訕笑，接著車長用英文跟他說，這台車不停那一站，不過這不是德國國鐵的錯，是法國國鐵，叫他走開。

朋友行走江湖多年，當然不可能接受這樣的答案，好歹你告訴我該怎麼做吧？或是打個對講機，跟下一站的人說旅客有狀況，所以他沒走，繼續站在那裡。那四個人，完全不想理他，繼續聊。雖然朋友聽不懂德文，但能感覺到，他們一直在取笑他。幾分鐘過後，車長看我朋友真的不離開，動怒了！對著我朋友，很大聲地狂飆一大段德文，朋友臆測他是說，在德國要講德文……。

大家想想，一個成年人又沒做錯什麼，被這樣大聲辱罵，心裡有多忿忿不平！但當下，也無法做什麼。他決定在下一站下車，找到服務台問清楚。服務台前已經有一些人，表示不是只有我朋友有狀況。幸好，站務人員比先前那四位，態度好上千萬倍。問清楚狀況，安排一輛計程車，載朋友回到目的地，由德國國鐵全額買單。

後來朋友分析，應該是因為施工的關係，不停靠一些站，真要追究責任，完全就是德國國鐵沒有更新系統、分享訊息，而車上的工作人員應該很清楚來龍去脈。即便如此，面對一個對德國完全不熟的外國旅客，已經過午夜，沒有幫忙就罷，還揶揄、斥責……。讓我想到民間的一個德國傳說：**客服在德國是形同虛設，千錯、萬錯，都不是我們（公司）的錯！**

詭異的交通罰則

在台灣，我每天開車上下班，開了十幾年的車，鮮少收到罰單，算是守規矩的優良駕駛，但我居然在德國收到罰單了！比起台灣動不動就坑坑疤疤的路面，德國的路開起來真的很舒服，加上車子性能好，稍不注意便可能超速，收到罰單。我跟魚先生都不是愛飆一族（除了無限速路段），但剛到德國時還是繳了一些學費。

速限就是速限，無論合不合理，立了牌子就要遵守。我們的車是公司配車，因為公司的員工福利不錯，所以配偶也可以開（註1）。杜塞道夫市區有萊茵河經過，由幾座大橋銜接兩岸。市區限速一般是五十公里，上橋的閘道為六十公里，橋面上能開到八十公里。知道這個規則後，大家會怎麼開車呢？理論上來說，要堅持到上閘道才能加速。但人性就是會有預期心態，已經要上橋了，提前開始加速。

有天我獨自開車，路上車不多，下意識多踩了油門。就在距離上橋閘道十公尺處，突然閃出一道白光！我心想，不會吧？在即將提高速限前十公尺處設超速照相，有點不太符合人性？幾天後問同事，他們見怪不怪。當時接近年底，還笑說，國家需要一點稅收過節！沒想到，月（年）底做業績的概念，在德國也通。我又追問，但大家不覺得這種方式有點不符人性？不知道是他們根深蒂固認為，無論如何要遵守規矩，或是罰則不高，大家都不置可否。

德國的超速罰款，跟我們的方式不同，都是按比例計算。市區超速十公里以下，罰三十歐元；十～十五公里罰五十歐元，超速越多罰越多，但超速二十公里以上，便會面臨吊扣執照一個月的結果。嚴格說起來，那次受罰真的是我理虧，誰叫我在速限更改之前就加速。但魚先生有次比我還冤。

那是一個風和日麗的星期天，我們開車去一個小鎮玩。鄉間小路上沒什麼車子，但速限不斷在七十公里和四十公里之間，變來變去。二百公尺七十公里，接著二百公尺四十公里，延續了好長一段路，看不出個所以然。就在我們覺得有點煩，沒仔細注意時速變換時，一個移動式相機給了一個大禮，又是張罰單。後來我們放棄理解德國速限的邏輯，反正標誌規定多少開多少就對了！

我們的狀況可以繳錢了事，朋友就沒這麼幸運。開車闖紅燈很危險，一定會被罰，但**德國闖紅燈居然有秒數之分！**！紅燈亮一秒之內，無事故的情況下，罰九十歐元，並扣駕照點數一點（註2）；若燈亮超過一秒，最多可罰三百六十歐元，扣駕照點數兩點，並吊扣駕照一個月。聽到朋友這麼說，我第一個反應是，一秒是如何計算？

闖紅燈無論如何都不對，但開車的人就知道，有時候路上車不多，路況不熟，燈號如果變換較快，可能真的來不及停下。朋友正是因為闖紅燈被攔，且警察說超過一秒（原來是警察說了算）！於是，當場被吊扣駕照，無法繼續開車。但事發地點，在離家一小時車程的地方，還得拜託朋友去接他。

另外，**德國的酒駕測試標準，比起其他歐洲國家嚴格，酒測值更低，而且檢測後，警察不會讓你看數字，只告知有沒有超過**。據朋友說，這是為了避免大家計算可以喝多少酒，畢竟酒後駕駛很危險，這點我覺得是台灣可以學習的地方。

收到罰單不是什麼大不了的事，但因為是公司配車，罰單一律寄到公司，秘書個別通知。魚先生有次就跟我說，去領罰單的感覺，很像學生時期做錯事，被師長抓包，粉尷尬！

註1：德國汽車保險是跟車也跟人，不在被保人名單上，有任何事故，保險都不給付，因此不能隨便把車借人開。

註2：重大違規會被扣點數，扣滿8點，永久吊銷駕照。

德國人最愛吃什麼？

德國真的算美食沙漠，他們對於飲食，簡單的說，是吃飽不吃巧。除非有特殊理由要慶祝，如生日、畢業、結婚紀念日等，可能一個月才外食一次。德國料理和東歐菜系很接近，大多是豬肉、馬鈴薯。各地有其特色菜，但也脫離不了這兩大類。即便是聖誕節，這種應該要很「豐盛」的節日，也只是吃「Raclette」起士鍋（不同食材沾融化的起士），稍微重視節日的家庭會烤一隻鵝。剛到德國時，我們很想盡快融入當地生活。不想煮飯時會上德國餐廳，嘗試德國料理。杜塞道夫有幾間大啤酒廠，我們幾乎每間都吃過。不過幾次下來，有點失望，因為**每間的餐點都大同小異，一定有的三樣菜色，我們笑稱「德國三寶」：香腸、豬腳、炸肉排。**

從早到晚都可以吃香腸！

德國香腸跟法國乳酪一樣種類繁多，東西南北各有所好，各地區有自己的香腸做法，不同的肉、香料、腸衣等，據統計至少有四十多種。德國人有多愛吃香腸？從早到晚都有不同的「理由」吃香腸，下午茶和零嘴也不例外。

「Weisswurst」（白香腸），是慕尼黑（巴伐利亞區）除了啤酒節之外的名產，是一種不含防腐劑的新鮮水煮香腸，所以製作完成後要盡快食用，傳統上要在「教堂午間鐘聲」之前吃。白香腸通常放在含鹽巴的溫水裡，跟蝴蝶結麵包「Pretzel」，和甜芥末送上桌。傳統的吃法，是切開香腸的一端，用嘴直接將香腸吸出來（腸衣不可食）。想要斯文一點，可以從中間切開，用刀叉將香腸擠出來。

有白香腸當然也有黑香腸，也就是「Blutwurst」（血腸），聽起來有點嚇人，但其實跟我們的豬血、豬血糕是異曲同工。法國的血腸都是熱熱的吃，德國的血腸因為已經煮熟，所以冷熱皆宜。

另外兩種大家應該都很熟悉，屬於小吃類。第一種是法蘭克福香腸（Frankfurter），傳到美國後被拿來做熱狗，因而世界著名。第二種可以說是**德國最受歡迎的庶民小吃：「Currywurst」（咖哩香腸）**。咖哩怎會跟香腸搭在一起？據說在一九四九年，當時居住在柏林的一位婦人 Herta Heuwer 不知哪來的靈感，把從英國士兵那裡取得的咖哩粉和番茄醬混合，淋在香腸上，在自營的小攤販賣。便宜又能填飽肚子的 Currywurst，意外地很受到勞動階級的歡迎，一九五一年後她將獨門醬註冊為 Chillup 商標。

正宗的柏林「Currywurst」由豬肉香腸切片，淋上番茄醬和咖哩粉，配上炸薯條或麵包，用一隻小的木製叉子吃。因為廣受歡迎，成為柏林另類的代表，幾乎每任市長都有和 Currywurst 的合照。不僅如此，在二〇〇九年更成立「Deutches Currywurst Museum」（咖哩香腸博物館），展示這項小吃的製作過程。

另外這兩種香腸可就特別了！「Teewurst」下午茶香腸因含三〇～四〇％的脂肪，可直接塗抹在麵包上，成為下午茶點心。而「Landjäger」是一種風乾香腸，跟我們的肉乾一樣，當零嘴吃。在德國南部、奧地利、瑞士比較常見。

德國豬腳兩種口味！

說到德國菜，台灣人一定先想到，烤得外酥內軟的豬腳。這種豬腳叫「Schweinshaxe」，在德國啤酒餐廳裡很常見。因為製作過程冗長繁複，並不是家常菜的一種，滿多德國人甚至沒吃過。

然而在啤酒餐廳裡，幾乎桌桌都會點豬腳。一把切肉刀直接插在一塊好大的豬腳上，有大口吃肉、大口喝酒的豪邁。烤豬腳通常搭酸菜，非常解油膩。雖然說外皮應該是「酥」，但吃過幾次的經驗，發現它已經不是酥的程度，而是有點硬，連鋸齒刀都很難切。大家通常只吃肉，不吃皮。

德國還有另一種豬腳——「Eisbein」水煮豬腳。這個字直譯的意思是「冰腿」，因為以前德國人會用吃剩的豬蹄膀骨頭，製作溜冰鞋的冰刀。Eisbein 是柏林地區的特色菜，口感 Q 軟的水煮豬腳，跟我們的燉豬腳口感很接近。不過人家不是用醬油，而是酸菜和香料燉上二~三小時，通常配酸菜或豆泥、馬鈴薯一起吃才道地。

有家鄉味的炸肉排

台灣人愛吃炸物，炸排骨、炸雞排一向廣受歡迎。外國人不吃帶骨的食物，偏好整塊無骨炸肉排。許多人被它比盤子大的尺寸嚇到，但因為是先用工具把肉敲薄之後，再沾粉下去炸，份量其實沒有那麼驚人。我強調炸「肉」排而非豬排，是因為「Schnitzel」不僅使用豬肉，也常用小牛肉、火雞肉或其他肉類製作。

炸肉排起源眾說紛紜，不只是德國，其他中歐各國也都有這道菜。**德國的炸肉排較常見有三種：「Wiener Art」、「Jäger Art」和「Zigeuner Art」**。

Wiener Art：維也納式肉排，必須用小牛肉製作，肉排上放一片檸檬，搭配馬鈴薯沙拉。Jäger Art：獵人式豬排。跟維也納肉排不同的地方，除了有蘑菇醬汁外，肉排本身也不一定裹粉炸。Zigeuner Art：又被稱為吉普賽式肉排，醬汁是用三色椒和番茄熬製而成。以上三種最受歡迎的是維也納肉排，也是我個人比較喜歡的一種。口感酥酥脆脆，加上幾滴檸檬，很開胃。想念台灣味的時候，還可以聊慰思鄉情。

從這三大種類，不難看出德國飲食，肉類佔了很大的比例。我和魚先生都不是肉食主義者，後來只有朋友來訪，盡地主之誼才會去德式餐廳。除了吃飯，也體驗熱鬧的氣氛，觀賞德國人啤酒一杯接一杯，面不改色喝下肚的豪氣。

德國人有多愛喝啤酒？

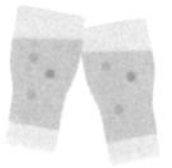

台灣的國飲是珍珠奶茶，德國國飲是什麼？

對德國有點認識的人，應該馬上猜到是啤酒。**啤酒之於德國人，好比只是加了酒精的「水」**。本公司的廚房冰箱裡，永遠都有飲料：氣泡水、可樂、汽水、啤酒等。除了可樂、汽水要投五十毛（等同於台幣十幾塊台幣）之外，其他種類，員工可以免費取用。沒錯，除了水，啤酒也免費！可見啤酒在德國人眼中，等同水的地位。當然，上班時間不宜喝酒，但有時候，同事下班後會一起喝一杯，聊聊天再回家。這種在回家路上順便喝一瓶的習慣，有個專門的字「Wegbier」，等同於「在路上的啤酒」。可見德國人有多離不開它。

據統計，德國有大約一千三百家的啤酒廠，超過五千種品牌的啤酒，平均每個人一年的飲酒量可達一百公升。稱啤酒為德國國飲，算是名符其實！

啤酒不是德國人發明，但早在西元一世紀末，就有傳教士釀啤酒的記載。位在慕尼黑北部的Weihenstephan，是至今世界上仍在生產、最古老的釀酒廠。當時喝啤酒比喝水安全，且有熱量，等於是一種食物，小孩也會喝。

為什麼德國啤酒舉世聞名？跟相鄰的小國比利時的啤酒，又有什麼不同？**德國啤酒因為一五〇六年的一紙「純酒令」，明定只能用大麥、啤酒花、酵母、水四種原料製作，不能添加其他香料**。而比利時啤酒因為可加入其他香料，有多種口味變化，例如我們熟知的水果口味啤酒。即便如此，德國各地區生產的啤酒，還是有所不同。我居住的城市杜塞道夫，以「Altbier」老啤酒著名，它遵循古法製作，酒色是琥珀色，我覺得喝起來有點苦、帶些微酸味，很特別的一種啤酒。因為口味特殊，不是這地區的人不見得會喜歡，像我就是。

離杜塞道夫不遠、以大教堂著名的科隆，出產另一種啤酒「Kölsch」。跟杜塞道夫的老酒完全相反，酒色金黃，味道清香，很順口，通常裝在瘦高的酒杯中，賞心悅目，女生會比較喜歡。事實上，這兩個城市有瑜亮情結，什麼都可以比，比啤酒、比狂歡節、比球隊、比哪邊的人比較熱情……，無論是什麼主題，說到另一個城市，都沒有好話。

跟慕尼黑動輒一公升的大杯啤酒相比，科隆跟杜塞道夫啤酒，尺寸小巧很多，都是二百毫升小杯裝。在啤酒餐廳裡，侍者端著滿是啤酒的盤子眼觀四面，看到你的杯子快空了，馬上過來詢問是否續杯？接著在一張杯墊上畫德國正字（四槓一橫），紀錄同桌所有人喝了多少。如果不想續杯，把杯墊放在杯口上，這樣侍者就會知道你不喝了，不會繼續過來。

喝啤酒也有規矩

第一、同桌飲料都到齊才能喝。聽起來很簡單，但有時剛好口很渴，一不小心，飲料送來順手就拿起來喝，對他們來說很沒禮貌！

第二、德文的乾杯是「Prost」（普羅斯特），但可不是真的要乾，喝一口就好。乾杯的時候要注視對方的眼睛，否則據說性生活會不美滿七年！這當然是玩笑話，比較可信的理由，跟在酒中下毒有關。如果其中一方下毒，乾杯時，杯中的酒可能會灑到自己的杯子裡，為了確保自己不被毒死，應該看著酒杯。但換個角度解釋，雙方都看著對方的眼睛，表示信任對方不會下毒。

第三、台灣人很多不喝酒，如果你點的是水，絕對不能跟著別人乾杯。因為用水乾杯，有希望對方死掉的意思。切記！

德國人有多愛喝啤酒？夏天日照長，早早下班不直接回家，先到家附近的餐廳、酒吧喝啤酒，順便跟老鄰居哈拉。父親節如何慶祝？一群男人拋家棄子，拉著一大拖車的啤酒，到戶外大喝特喝整天，不醉不歸！慶祝生小孩也不忘啤酒！有個風俗是小孩出生後，爸爸跟朋友喝啤酒慶祝，喝到想上廁所，據說這樣可以讓小孩的泌尿系統發育得好！告別單身派對，租「group beer bike」（啤酒腳踏車），大家一邊踏、一邊喝，美其名是順便觀光，但專注喝酒的成分居多。去派對的路上，也要先來瓶 Wegbier，熱身一下！

什麼理由都能喝，熱愛啤酒的程度，真可說是世界之冠！而他們也真的很能喝，二百毫升對他們是小意思，一杯接一杯，喝一個下午也面不改色。難怪啤酒節的帳篷裡，一杯一公升的啤酒，也能接連不斷喝好幾個小時。所以說，「啤酒肚」真的不是蓋的，名符其實裝滿了啤酒啊！

因為熱愛啤酒，德國人也練就一身開啤酒奇招。任何有硬度的東西，包括紙，都能拿來開啤酒。我個人覺得難度最高的是，用另一瓶啤酒開啤酒。不相信？下次遇到德國人，請他們示範一下！

德國人一天吃什麼？

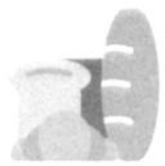

來到德國，吃飯變成我們需要調適的一件大事。拉丁語系的國家，通常下午一、兩點吃午餐，晚餐在八點甚至九點才吃。而**在德國，和台灣一樣，午餐是中午十二點，晚餐六、七點**，對已經習慣西班牙式作息的我們，是一個很大的變化！

有句話說，一天三餐應該遵循「早餐吃得飽、午餐吃得好、晚餐吃得少」這個原則。說得簡單，以現代人的生活型態，執行起來可不容易。不過德國的三餐，倒是和這個準則相去不遠。

早餐吃得飽

三餐之中，德國人最重視早餐。傳統的德式早餐，除了咖啡、茶、果汁之外，包括各式麵包、火腿、起士、奶油、果醬等，鹹的甜的應有盡有，或是牛奶加穀片或「Müsli」（一種原味燕麥，非常健康），種類繁多，完全符合早餐吃得像皇帝的敘述。不過，週間要上班上課的日子，也是有時間壓力，通常就是一個麵包店的小麵包，或是火腿起士三明治打發。傳統的豐盛早餐，只能留到週末和家人一起，像美國的早午餐，愛吃多久就吃多久，這也是德國人週末的家庭活動之一。

午餐吃熱食

如果一天只能吃一餐熱食，大多數人應該會選晚餐？辛苦了一天後，回家好好放鬆，一家人圍坐享用熱騰騰的飯菜，不是很棒嗎？但**德國人的一餐熱食，是午餐**。

這個習慣源自於古早時代，當時無論是學生或在外工作的人，會回家吃午餐，而媽媽／太太會準備好熱食。現代的生活，中午能回家吃飯的人，應該屬於極少數，但大部分人還是維持午餐吃熱食的習慣。以我同事為例，在公司的午餐，無論是自己在家裡準備、買超市的微波食品或是叫外送，大家都是吃熱食。少數吃沙拉的同事，是為了要維持身材。而熱食大多以肉類，像豬肉、雞肉為主，蔬菜只是小小點綴。德國真的是無肉不歡的民族！

晚餐吃麵包

德國人不愛吃菜，晚餐如果不吃熱食，吃什麼？德文有個字——「Abendbrot」（晚上的麵包），是他們傳統的晚餐。晚上的麵包跟早上的麵包差別在哪？其實Abendbrot就是豪華版的早餐，有種類更多的麵包、起士跟火腿，一樣配茶或咖啡。傍晚到超市採買就會發現，賣起士、火腿櫃前的人龍，會比賣肉品櫃前長很多。我雖然也喜歡麵包、起士和火腿，但一天兩餐吃類似的東西，不會膩嗎？再者，德國冬天冷颼颼，晚餐不想來點熱呼呼的食物，真的很佩服強健的德國人。

下午茶

早餐吃得像皇帝，午餐像平民，晚餐像乞丐，很符合健康原則。可是，為什麼德國人個個都還是「頭好壯壯」？關鍵就在於，他們不只吃三餐！

先不說別的，他們有個下午茶的習慣——「Kaffee und Kuchen」（咖啡和蛋糕），顧名思義是在下午三、四點時喝個咖啡配蛋糕。許多德國人很重視這項傳統，就算在上班，到下午茶時間，不吃蛋糕還是會喝杯咖啡休息一下。家人和朋友的聚會，約下午茶的機率比一起吃飯還高。傳統上 Kaffee und Kuchen 的蛋糕應該要自家烘焙，但隨著生活步調改變，直接從麵包店買的比例日漸攀升。

提到下午茶，就不能不提德國的甜點，跟德國人務實的個性一樣，外表不花俏，種類多，但多是那些經典款，例如：用「quark」（一種類似新鮮奶酪的乳製品）做的起士蛋糕、各式季節水果派、黑森林蛋糕等，而且遵循古法。對他們而言，怎樣時尚的食譜都比不上「Oma」（外婆、奶奶）的家傳秘方。這些食譜至少都流傳幾十年，甚至上百年，就是要這種口味才對德國人的胃！

德國的麵包是出了名的健康，甜點則完全相反。有些糖霜，或是奶油、乳酪很多，不習慣吃甜點的人會覺得太甜、太油膩，但他們很喜歡。大部分的德國人都愛甜食，也喜歡烘焙，廚房拿來做甜點的時間比做菜多很多。而且，可接受的甜度很高，我都戲稱他們是螞蟻，尤其愛巧克力、糖果，著名的 Haribo 小熊軟糖就來自德國。所以，**做給德國人吃的糕點，多放一點糖準沒錯**。

除了下午茶，德國人也習慣在三餐外的時間，吃點小東西，例如早上十點。因為德國的一天開始的很早，這個時間他們稱為「第二個早餐」。公司同事如果因為喜事：結婚、生子、生日、升官、退休等，要請吃東西時，都會安排在這個時間。就算不吃東西，有些同事也會在午餐前或下午茶時間喝個飲料，休息兼補充體力。

仔細計算，一天下來，吃進肚子裡的東西不算少。再加上飲料、啤酒，若不勤加運動，想擁有纖細的身材，真的很難！

有陽光一定要做的兩件事！

台灣緯度低，一年四季都不缺陽光。愛美的女性，夏天還得撐傘，躲避毒辣的太陽。高緯度的國家正好相反，夏、冬兩季日照長短差異大，在冬季，漫漫長夜很讓人沮喪，我自己有深刻的體驗！缺乏陽光，是到醫生會建議新生兒補充維他命D，直到兩歲的程度。每天上班，同事們一定會聊到天氣，天氣差大家猛嘆氣；天氣好都是笑容滿面，就算天塌下來，都無法影響大家的好心情。

而有陽光的日子，德國人一定會做兩件事——日光浴和烤肉！

日光浴曬好曬滿！

西方人很愛曬太陽，這點毋庸置疑。為什麼呢？一來，人都喜歡追求自己沒有的東西。我們黃種人，稍微曬一下太陽馬上顯色，所以追求白皙的膚色，防曬做好做滿。白種人則不容易曬黑，好不容易有點顏色，一兩個月又「褪色」了，所以只要有機會必定曬好曬滿。二來，我們覺得曬黑，較多是從事戶外、勞力工作，潛意識覺得比坐辦公室差；歐洲人曬黑，則表示有能力（有錢）去度假。兩者文化差異很大。

最後這一點，是我個人淺見。亞洲人白皙算好看，但有些西方人真的白到沒什麼血色，我有幾個同事就是這樣，冬天特別明顯，非常需要補點顏色比較好看。因此，只要溫度許可，在戶外草地、自家陽台、花園，只要可以躺的地方，都能見到做日光浴的德國人，直接全裸的也不稀奇。

德式烤肉

除了日光浴，德國人最愛的休閒活動之一，就是烤肉。夏季到肉舖買肉，會發現冷藏櫃裡，超過一半擺的都是醃了醬料的肉，可見他們有多愛！台灣的中秋節，是「國定烤肉節」，德國人則是三不五時就烤肉，有陽光更是要烤！他們覺得，烤肉是很好的家庭活動，輕鬆有趣，邊吃邊烤邊喝邊聊，很容易打發一個下午。另一個重點是，烤肉好吃。不得不說，對於不善廚藝的德國人，烤肉真的是簡單美味，又絕對不會出錯的料理。如同他們所說，準備烤肉比備料煮飯容易多了。

德國人烤肉很隨性，不像我們，專程相約到某個景點之類的地方。只要有烤爐，陽台、花園、草地、湖邊……都可以烤。而全德國有烤爐的人高達九三％！很驚人的數字吧？他們也不像美國人喜歡瓦斯烤爐，火一點馬上可以開烤。**德國人喜歡DIY，自己動手，所以燒木炭的爐更受歡迎，而且還要有蓋子，炭烤＋煙燻，更有滋有味！**當然，價格便宜許多也是因素之一。別小看烤肉，很多男人可是很嚴肅地看待這件事，火升得好、肉烤得好，才是真男人！

什麼是德式烤肉呢？必備的三樣東西是：香腸、啤酒、沙拉。

德國人最常用來烤肉的食材是豬肉，其中又以各式香腸最受歡迎，這點有邏輯可以解釋。因為等待生火的時間，會讓人飢腸轆轆，烤香腸的速度很快，馬上可以滿足大家的口腹之慾。其他要花時間，一層一層塗醬料的食材，例如：烤肋排，德國人興致不高。他們覺得，烤肉就是要能快速吃到東西，需要花時間煮的留給廚房。不過，漢堡居然不是德國人烤肉會吃的東西，讓我滿意外的！漢堡肉烤起來的速度也算快，卻不獲青睞。可能是他們烤肉不愛配圓麵包？Again，規矩很多（香腸也是單吃，不搭配麵包）。

至於啤酒，無庸置疑。愛喝啤酒的德國人，怎可能錯過吃烤肉、配啤酒的大好機會！但全德國超過五千種品牌，要喝哪種？跟著當地人走就對了。

金窩銀窩都不如自己的狗窩，德國人對啤酒就是這種心情。問杜塞道夫人，他們覺得「Altbier」好喝；科隆人認為「Kölsch」最棒。無論什麼啤酒，都比不上家鄉好。他們絕不是開玩笑，千萬別嘗試在當地人面前喝外地的啤酒！

最後一樣沙拉，聽起來簡單，可不簡單！它不是我們印象中綠色蔬菜加番茄的健康食品，而是「馬鈴薯沙拉」。**跟台灣不知道為什麼中秋節要烤肉一樣，德國人也不知道為什麼烤肉必備馬鈴薯沙拉**。感覺跟一些台灣人，無論吃什麼，最後一定要來碗飯才會飽的概念一樣？馬鈴薯沙拉，除了是涼的（也有溫的），還有裡面有美奶滋之外，我實在想不透為什麼叫沙拉，但它在德國人的美食排行榜，應該排得上前幾名。有個笑話說，烤肉前如果沒分配好，十個人會有八個帶馬鈴薯沙拉，而且味道、內容物都不太一樣，因為各有自己的家傳食譜，都是自己家的最好吃（聽起來跟啤酒異曲同工）。

看到這裡，大家有沒有發現一件事？為了吃得健康，台式烤肉會插花一下，準備一兩樣烤蔬菜。德式烤肉完全沒有烤蔬菜這個選項，連美國人必烤的玉米，也甚少在德國烤肉中出場。**德式烤肉，真的是只烤「肉」！**

德國人有多愛吃馬鈴薯?!

說到烤肉必備馬鈴薯沙拉，就不能不提馬鈴薯在德國飲食不可撼動的地位，大概僅次於麵包。你可能不知道，德國是馬鈴薯盛產國，產量約佔歐洲的五分之一，是世界前十大馬鈴薯產地。不過，馬鈴薯並不是德國原生種，雖然早在十七世紀「三十年戰爭」時就傳入德國，但大規模栽種要到十八世紀，歸功於普魯士國王 Frederick the Great（腓特烈二世）。

當時，為了讓人民都有食物、降低麵包的價格，在一七四六年頒布一只「馬鈴薯種植令」，要求農民必須使用部分土地種植馬鈴薯。不過，農民對看起來髒，吃起來不美味的馬鈴薯，一點興趣也沒有。他們說，這種沒香氣沒味道的食物，連狗都不吃！為達成目的，這位國王要了點小手段。他將馬鈴薯種在皇家土地，並囑咐士兵看守。此舉引起農民高度興趣，「馬鈴薯珍貴到需要看守？」紛紛潛入偷回馬鈴薯種植。當然，馬鈴薯可以生長於貧脊的土壤，單位面積產量高，是後來廣為栽植的原因，碰巧也幫助德國走過戰爭艱困時期。德國人後來很感念這位國王，直到現在，還能見到人們將馬鈴薯放在他的墓碑上。

說實話，搬到德國前，我只知道幾種馬鈴薯作法：醋溜馬鈴薯絲、煮咖哩、烤整顆馬鈴薯和馬鈴薯泥。到了德國，才知道馬鈴薯的領域深不可測！首先，依據澱粉含量分很多種，澱粉含量越低的越耐煮（但這個規則我們似乎不適用？會覺得馬鈴薯應該要煮的「鬆鬆」才好吃）。還跟我們的米一樣，有新、舊米之分，前半年收成的馬鈴薯，屬於新馬鈴薯。

走進德國超市蔬果區，馬鈴薯往往佔一大區塊，要怎麼選擇呢？一般袋裝馬鈴薯上會有標示，像高筋、中筋、低筋麵粉一樣有三大類——「Festkochende」：這種澱粉含量低，耐煮，可以拿來燉肉；「Vorwiegend festkochende」：這種介於中間，屬於安全牌，如果不知道要用哪種，選這個就沒錯！「Mehligkochende」：澱粉比例多，煮起來鬆軟，適合煮湯、煮成泥，或是做「Gnocchi」義大利麵疙瘩。

德國人有多愛吃馬鈴薯？每年每人可以吃掉高達六十公斤！比台灣人吃米的量還要多。除了當主食，幾乎每道菜的配菜都有馬鈴薯，薯泥、炒馬鈴薯塊、薯條、水煮馬鈴薯等變化多端。因此有人說，**要成為正港德國人，要熟知至少十二道馬鈴薯食譜**。十二道？我可能只有一半！但這對他們似乎不太難，就像中式烹飪約三十種不同的烹調方式，德國在烹煮馬鈴薯這個領域的創意，絕對是冠軍！就像馬鈴薯麵包、馬鈴薯香腸，以及「Kartoffelklöße」馬鈴薯團等，這些我們幾乎沒聽過的作法。尤其是Kartoffelklöße，它可以淋上像蘑菇醬之類的醬汁當主餐，也能當作附餐，配剩餘的主菜醬汁吃，在南德巴伐利亞區非常受歡迎！

在德國，不吃馬鈴薯的人少之又少，因為營養價值高，又被稱為「地底下的蘋果」。很巧的是，跟蘋果一樣，不同的品種有不同的名稱，且都是用「女性」的名字來命名，Laura、Princess、Linda等，真的很有趣！

從超市看德國飲食習慣

歐洲航空公司可分一般航空和廉價航空；德國的超市也有分等級，商品不盡相同，同樣的商品，在不同等級的超市，品質不變，但價錢不同。精打細算的德國人，習慣去所謂「折扣超市」，像 Aldi、Lidl 或 Netto 採買。這種商店的概念有點像小型的 Costco 好市多，商品選擇不多，直接用紙箱擺商品，因為品牌集中，所以能提供較低的價錢。不過隨著經濟成長，人民收入增加，消費者開始重視價錢以外的經驗，例如：店面設計、購物舒適感等。這幾年，較高檔的超市，例如：Edeka 和 Rewe 有後來居上的趨勢。

我很喜歡在旅行時逛超市或傳統市場，藉由市場看當地居民的生活日常。剛移居到一個國家時，我也喜歡逛超市，一方面從各種商品學習語言；二方面能較快入境隨俗，習慣當地的生活。

走進德國超市或傳統市集，說實話我有點失望，因為不難看出這個國家的飲食習慣和我格格不入。蔬果區的東西，一年四季大同小異，尤其是蔬菜。番茄、紅蘿蔔、三色椒、花椰菜、馬鈴薯等長年都看得到，變化少，綠色葉菜更少。好想念台灣每個季節有不同的蔬果，任君選擇。唯一有特色的，是每年春天的白蘆筍，在台灣是高級的食材，這裡產季時便宜又好吃。

海鮮少！

台灣是個海島，相信很多人和我一樣愛吃魚和海鮮。德國雖然有靠海，但飲食文化裡，海鮮幾乎不存在，很多德國人一點海鮮都不碰，甚至討厭海鮮的味道。超市裡有新鮮的肉舖，卻不一定有魚舖。冷凍櫃裡的商品，種類不多，比較多是大型魚類，像鮪魚、鮭魚，吃起來少了台灣漁獲那種「鮮味」之外，價格也不親民。我曾經在市集買過鱸魚，一條要價台幣五、六百元，常吃會太傷荷包。

一般的餐廳裡，海鮮的選擇可能只有一種，除非特地光顧海鮮餐廳。但千萬不要有太高的期待，和我們博大精深的中華料理方式相比，這裡料理海鮮的方式，不外乎煎、炸或是烤，並且常搭配味道很強的大蒜、起士或白醬，完全吃不出海「鮮」的味道。不過，至少還有經過料理的程序。

我最無法接受冷盤式的海鮮，把所有的海鮮燙熟放在冰塊上，還常煮過熟變成類橡皮，搭配醬料才勉強可以入口。在我們眼裡，真的是暴殄天物！很想跟老闆說，至少加點薑一起煮吧！

牛排貴！

除了海鮮之外，牛排類在德國也是高級食材。第一年的聖誕節，我們邀請朋友到家裡吃飯，魚先生打算用「fondue bourguignonne」勃根第火鍋宴客，派會一點德文的我到超市買牛肉。我指著肉櫃裡一般的菲力，說要兩公斤（八個大人）。店員用很不可思議的表情看著我說，一公斤要五十幾歐元（一千多台幣）。當時我也嚇了一跳！菲力當然比其他部位貴一點，但五十幾歐也太貴了吧？這還是德國的牛肉，從其他國家來的牛排，價格還會更高，有些一公斤甚至要價上百歐元！

後來發現，愛吃肉的德國人，吃的大部分是雞肉、豬肉，牛肉相對少一點，牛排真的是特殊場合才會吃。另一個要注意的是，德國現切肉櫃、海鮮櫃的標價，都是以一百公克為基準，所以看到價錢不要太開心，乘上十倍才是一公斤的價錢。

愛吃生豬肉！

海鮮少、牛排貴，都比不上這件事令我吃驚！

台灣受日本文化影響很深，大多數的人都愛吃壽司、生魚片，我也不例外。到了法國，發現有一道名菜「Steak tartare」（韃靼牛肉），是剁碎的生牛肉，吃起來跟生魚片口感差不多，調味調得好的話，真的好吃！但其他的肉類，像豬肉或雞肉，因為寄生蟲的關係，我們從小就被教導一定要完全煮熟才能吃。德國的肉品櫃裡，絞肉有好幾種：牛、豬、兩者混合，還有已經調味的豬絞肉，最後這一種**居然是拿來生吃！沒看錯，德國有個非常受歡迎的「名菜」：「Mett」生豬肉三明治**。

Mett做法很簡單。把用鹽、黑胡椒調味過的生豬絞肉，抹在圓麵包上，可以直接這樣吃，或搭配生洋蔥、炸洋蔥屑或大蒜一起吃。我對生豬肉有心理障礙，不敢嘗試；魚先生吃過，他覺得不好不壞，但不懂為什麼要生吃豬肉？德國人則愛它愛到可以當早餐。每回公司有同事生日或有喜事，請大家吃Mett都是一掃而空。我曾經問過同事，不怕有寄生蟲嗎？他們似乎沒這個概念，同時也相信販售的超市或肉舖，對於肉品的控管一定符合安全食用等級。

又一次，對於身強體健的德國人，甘拜下風！

喜愛有機商品

除了一般超市，推崇天然、環保生活的德國，喜愛有機商品的程度，讓連鎖有機超市有足夠的市場，和一般超市平起平坐。

走進有機超市，吃的用的擦的，琳瑯滿目的商品全部都是有機，而且價格不見得比一般商品貴，打破我對於有機商品都很「高貴」的刻板印象。這麼多有機商品，是怎麼來的？其實，有機認證有太多種，有些標準比較嚴格、有些比較寬鬆，依據有機所佔的比例，又有不同的名稱。這也說明了，為什麼有機商品不比一般商品貴。對消費者來說，既然不會造成太大負擔，有機當然比一般商品好。德國有機市場有多大？在我居住的小城市，除了一般超市有「有機專區」之外，還有兩家大型有機連鎖超市，彼此只相隔區區20公尺，兩強鼎立，相安無事。

德國週日、假日超市都不開門，每到週六或連假前夕，超市都有「購物潮」。尤其在連假之前，如果傍晚才去採買，會發現架上很多東西被搶購一空，只能望架興嘆！在德國生活，凡事都要超前部署、提前規劃啊！

城市花園
綠洲環保風

我們居住的地方，離杜塞道夫市區只有一河之隔，開車約十五分鐘，但整個環境，和喧鬧的市中心大不同。從家裡出發，步行可到的距離有一大片農地，在萊茵河沿岸，有腳踏車道、步道、環河綠地。稍遠一點有片森林，週末、假日，很多人會去散步健行。整體而言，有城市的便利，也能享受郊區生活的悠閒、寧靜。

德國人是出了名的喜歡大自然，閒暇之餘不是從事戶外活動，就是在陽台、花園拈花惹草。而這區一樓的房子，大部分有花園，家家戶戶都種滿各式花草，修剪得很整齊。我很喜歡在散步時，欣賞各家不同的佈置，非常賞心悅目。不過，陽台、花園有限的空間，對一些熱愛大自然，找尋寧靜的人還不夠。在德國有一種很特別的花園——「Schrebergarten」，讓人承租使用。這種花園面積介於二百到四百平方公尺，通常位在比較不適合居住的區域，像我居住的小城市裡，兩處花園都位在鐵道旁。

這種花園的起源，是十九世紀初期，因為工業化和都市化，許多人湧入城市居住，激烈競爭下，導致有些人無法獲得足夠的食物。當時的主政者，因此提供土地讓他們種植食物，藉此度過難關，被稱為「Garden of poor」（窮人花園）。後來轉變為「Schrebergarten」這個名稱，是因為一位來自萊比錫的醫師兼教師 Dr. Schreber，主張在城市的小孩應該要有更多戶外活動空間，有助於身心發展，積極推動城市將閒置空間出租。後來這個花園制度推展到德國各地，甚至其他德語系的國家。在一八六四年，他去世四年之後，大家就把這種花園命名為「Schrebergarten」（薛伯花園）。

一開始，這種花園以休閒為主要目的，但大家也會種植蔬果。無心插柳之下，在戰爭期間和戰後初期，因為食物、物資缺乏，反而成了不少人的「救命花園」。後來德國經濟慢慢復甦，花園又成為城市人週日全家大小休閒的好去處。不過，如果你認為，我租了這塊地可以隨心所欲，想怎麼做就怎麼做，那就太不了解德國人了。這種城市花園不但有聯邦法律規範，各個花園協會又有自己的規矩。法定的規矩例如：不能在這裡居住、養狗，種植作物的範圍不能超過三分之一，小屋的尺寸不能大於多少等。各個協會的規矩，就多如牛毛了。從小屋的顏色，圍籬的材質、高度，種植植物的種類，烤肉以及安靜時間，要積極參與活動等。眾多的規矩，讓年輕人失去興趣，花園的擁有者，平均年齡一度高達六十五歲以上。不僅如此，一般民眾說到他們，大多是心胸狹窄、固執、死守規矩等負面評價。

隨著生活壓力升高，環保、自然生活意識高漲，加上各協會鬆綁規矩，越來越多年輕人拋開刻板印象，加入「城市農夫」的樂活行列。不僅是德國年輕人，各個花園協會也開始歡迎外國移民加入。我觀察到有些花園的小屋上，飄著西班牙、義大利和其他國家的國旗，使得原本很「德國」的文化，慢慢地融入異國元素。不過融入不是一天兩天的事，新舊會員衝突時有所聞。而當我發現這塊城市綠洲時，住在三樓的我們一度考慮申請。但發現，即便全德國有約一百四十萬座薛伯花園，等待名單落落長，加入得等上好幾年，便打消念頭。

正因為加入不易，其他類似的組織應運而生。在首都柏林，有許多利用閒置土地的「Urban gardening projects」（城市園藝計畫）。有的由協會統一維護，但開放大眾入內使用；有的可以承租幾平方公尺空間耕種。各個組織不定期辦活動，教導大家如何進入城市農夫的世界。今年這波疫情，大大影響人們對於生活、環境的態度。花園的擁有者，得以有個接近大自然，小小的喘息空間。我想，這股城市園藝風，應該會一直吹下去吧！

德文怎麼這麼難！

德文聽起來很冷門，事實上，除了德國、奧地利和瑞士之外，盧森堡、迷你小國列支敦士登，還有義大利北部、比利時東部、以及波蘭少部分地區，都使用德文。仔細算算，以德文為母語的人士，比我想的多很多。

在歐洲，除了義大利的婆家，德國是我第三個居住國。在美國念書，又在歐洲這麼多國住過，入境隨俗，是我覺得很重要的一點。我也認同，住在哪個國家，就應該學當地語言。但學過英文、法文、西班牙文的我，真心覺得德文的文法，比其他語種複雜許多，要在短時間內上手，著實不太容易！

但不知道為什麼，德國人對於外來移民的語言能力，有很高的期望！怎麼說呢？他們真心認為，德文不難，學一下就好。這牽涉到德國幅員廣大，許多人一輩子待在家鄉，覺得德國是世界最好的地方，德文簡單到跟吃飯喝水一樣。換句話說，本位主義很重。從小用到大的母語，當然覺得不難，我們也覺得英文比中文還難，但不會用同樣的標準，去要求一個外國人。

不過，他們嘴巴說簡單，自己搞錯的狀況也不少見！

拉丁語系（法、西、義文）名詞有分陰陽性，但德文偏偏要與眾不同，多一個中性。七〇％的單字有規則，剩下的三〇％得硬背，對我們這些外國人，非常考驗腦容量，而且詞性記錯，文法也會跟著錯。不過，有次我問同事們一個德文問題，大家你一言我一語地，提出自己的看法，突然有個同事，把陰性名詞講成陽性，被其他人糾正。從那時起我就釋懷了，連從小講德文的德國人，也不一定記得詞性，我這個半路出家的，說錯算什麼？

不只詞性，德文文法更令人頭痛。除了多如牛毛的規則，還有很多例外，只能多練習、硬背下來。另外動詞的位置也跟我學過的語言都不同，大家都是放在句子前面，但德文會放在句尾，例如：

I can't love you ⇩ Ich kann dich nicht lieben.

I can't hate you ⇩ Ich kann dich nicht hassen.

一個是不能愛，一個是不能討厭，兩個意思天差地別，卻要到最後才揭曉。當中間夾雜很多敘述時，得耐著性子，等很久才知道對方要說啥，讓人好憋的語言。連德文老師都說，很多時候德國人講到最後，也會忘了加上後面的動詞。

日常生活中犯錯沒關係，正式文件可不能弄錯。生小孩前，要申請一些社會福利，例如「Elterngeld」（父母金）跟「Kindergeld「（小孩金）。申請表格不少，裡面細節也很多，一位同事自告奮勇想幫我，才看了幾欄，發現有點複雜就宣布放棄。我也只能自立自強，查單字、從網路上查資料，總算皇天不負苦心人，最後都順利完成，也為自己能在這樣的條件下克服很多困難，感到有點驕傲。

說了這麼多，德文也有些很妙的地方。例如對於數字的說法，邏輯很特別，是反著說，數字23，德文要說「3和20」。每次去買東西，總會被價錢搞昏頭。因為32.99歐元，聽到的是「2和30歐元，9和90毛」。前面聽懂了，後面就忘記，而且腦袋也要跟著轉彎才行。德文還不輪轉時，我都直接拿大鈔給店員找，省心省事省燒腦。還有，時間的說法也不一樣，例如「Halb Drei」翻成英文是「half three」，大家會認為是三點半，但德文裡的意思卻是兩點半！每次約時間，都要請對方重複幾次，免得搞錯！

德文還有另一個特性，可以把不同的字組在一起，變成一個新的字。所以，世界上最長的單字就來自德文。猜猜看有多長？總共有七十九個字母！要記住七十九個字母的順序，大家說傷不傷腦筋呢？

德國的就業市場

揭開特別的行業面紗前，先來看一下德國的就業市場。

台灣在二次大戰後，獲得美國很多的幫助，因此受美國文化影響很大，加上社會越來越多元化，學歷無關（用）說，在就業市場上佔有一定的百分比，認為雇用一個員工，應該看其能力，而非學歷。大部分的人也認同，進入職場的第一份工作和學歷比較相關，之後能力、經歷、人脈比較重要。不過，在社會風氣保守的歐洲，學歷仍然是找工作的關鍵。一個法國人資朋友就說，一個學士和一個碩士面試同一個工作，拿到的薪水會不一樣；同等學歷不同學校，例如一般大學或是專業學校（Grande École）畢業，薪水也不同（後者高很多）。

以德國就業市場來說，身為科技、工業大國，相關產業的工作機會較多，且科技類的工作，語言能力要求也不如文法商科來得高。從台灣跨國找到工作，時有所聞。不能否認的是，這些科系以男性居多。許多像我，因為伴侶而來到德國的人，無論之前的工作背景如何，到這裡得重新開始。首先，除非進入以英文為主的國際企業，否則得先跨越語言的門檻。這一關沒跨過去，什麼都不用想。語言要達到能工作的標準（歐語能力分級的B2～C1，）短則一年、一年半，長則遙遙無期……，看找工作的動力有多大了！

克服了語言關卡，接著要和德國文化奮戰。我曾經天真的以為，以自己的能力，從事辦公室文書工作，例如秘書、行政人員，應該綽綽有餘！但比較了解德國職場文化後，才知道機會渺茫。因為德國職場有很多規矩，文書有既定格式、寫法，處理事情有一定的流程。身為一個外國人，根本不知道這些規矩。以「能力」而言，當然沒問題，但得有人帶著做一段時間，公司寧願請一個學歷不見得高，但做過相關「Ausbildung」的人。

「Ausbildung」是一種類似我們以前「學徒」的制度，用學生的身份在公司工作，等於有薪的實習生，一般是三年。表現良好的話，通常能順利進入公司，成為正式員工。對雇主而言，這種「Ausbildung」可以挑選、培訓自己需要的人才；對學生而言，邊讀書，邊學實務，等於拿到進入職場的入門票。就算無法留在原公司，畢業後有一技之長，也不怕找不到工作，是雙贏的局面。

除了和這個制度競爭，德國職場對於學歷，有種我們外國人無法理解的執著，不是本科系或相關科系畢業，很難獲得青睞。務實的他們覺得一個蘿蔔一個坑，相信紮實的學術訓練是工作能力的基礎。無論已經工作多久，畢業的學歷還是很重要，半路出家、斜槓，都不是受歡迎、被鼓勵的行為。一個已經在科技業工作很久的朋友，之前要申請歐盟藍卡（註），卻因為原本的學歷和工作不相關，被打了回票。正因為一直保留如此傳統的觀念，在德國還看得到一些特殊的職業，例如：「Schornsteinfeger」（煙囪清理員）。

每年冬去春來時，大樓的門上會貼一張條子，寫著某月某日的幾點到幾點，要清理煙囪。第一年我們還覺得奇怪，怎會有人主動要幫你清煙囪。問房東才知道，家裡有煙囪的住戶，為了確保使用安全，避免發生火災等意外，每年一定要清潔一次。如果碰巧不在家，必須跟清潔公司聯絡，另外約時間。無論如何，**清煙囪如同瓦斯開關檢查，是例行事項，一定得做**。

煙囪清理員身穿全黑的制服，上面有兩排金色的扣子，通常提著桶子和刷子。清煙囪聽起來不難，但其實是非常耗費體力的工作，還要不怕高，有飛簷走壁的功夫。我看他三兩下，不需要梯子、椅子幫忙，就從我家陽台爬上斜屋頂開始工作。從煙囪口將綁著鐵球和鋼毛刷的工具放下，然後上上下下拉動繩子，讓刷子清理煙囪內部，之後再從家裡的壁爐內鏟出掉下來的黑渣。動作輕鬆迅速，但實際上，鐵球重達好幾公斤，看起來不費力是經驗累積的成果。還沒開始工作前，他看一看我家的煙囪，馬上問：「妳沒有用煙囪？」實際上，前一年冬天不冷，我們只生了一次火。見微知著，真的非常專業。

煙囪清理員的歷史可追溯至中世紀，已經有五百多年歷史，但和許多傳統行業一樣，因為辛苦，越來越少年輕人願意投入。不過，它仍然是備受尊重的職業。除了守護大家的居家安全之外，德國人相信，在路上看見清煙囪的人，跟他們握手、觸摸金鈕釦會帶來好運。所以，來到德國，在路上看見他們，千萬別害羞，握一下手，好運就來！

註：藍卡申請有學歷、職業別，以及最低薪資要求，和一般工作簽證相比，申請程序較簡便、可以有比較長的居留時間，申請永久居留的年限要求也比較短，又被稱為高階人才卡。

難民的德國夢入場券

德國有項我覺得很棒的政策，他們認為擁有語言能力，是幫助外來移民融入社會的方式之一，因此政府有專款補助外國人學德文。為確保有效學習，並非完全免費，而是政府先補助一部分的學費，通過測驗、拿到證書後，再退更多錢。申請方式很簡單，辦理居留證時，向移民官索取申請書，填好寄出，等待回音即可。移居到這裡，是因為有很好的工作機會，並不在我們的人生規劃裡，因此魚先生和我的德文程度都是零。為了讓日後的生活更順遂，為將來提前部署，搬家之後我一直想要開始上課。但我提出的申請，等了兩個月還是音訊全無，閒的發慌，決定自掏腰包去私立語言學校上課。

老師是一位二十幾歲的女生，很年輕，應該是剛入這行沒多久，所以教最初階A1（註）的班。特別的是，男學生居然比女學生多，應該和德國是理工、機械強國有關。我之前居住的國家都是拉丁語系，法國、西班牙、義大利，這些國家的語言學校學生，大多是女生。每個國家吸引的外來人口，還真不一樣！

另一個很不同的地方，是這裡的學生來自世界各地，宛如小型的聯合國。往東除了羅馬尼亞、保加利亞之外，還有西亞的國家，例如巴基斯坦，以及俄羅斯。往南深入非洲大陸，奈及利亞、象牙海岸等國。他們都是衝著在德國找工作而來，而求職的必要條件之一，當然是會說當地的語言。

因為是私立學校，大家上課態度還算好。A1課程結束後，發現離家不遠的地方，有個公立的語言中心，學費比較便宜點，而且在政府補助學校名單上，於是決定換地方上課。在這裡，學生的學習態度，跟第一所學校差很多。

這裡班級的學生數比較少，除了我跟另一個波蘭學生之外，其他都是拿政府補助款，所謂的「難民」，來自伊朗、東土耳其、敘利亞、阿富汗等國家。

說也奇怪，這些學生排除萬難來到德國，學習動機應該比較強，但他們的學習態度，卻比之前的同學更散漫！愛講話又愛偷吃零食，還會趁老師不注意，把食物傳來傳去，讓我有回到小學時期的錯覺。

雖然學習態度不是很積極，但每一位都有「德國夢」，來德國的原因和過程，說起來都像是電影中的故事情節。有位常坐我旁邊的阿富汗男生，人很客氣，學習態度也比那些「小學生」好很多。來上課時身上會有股油煙味，我猜想，他應該是在餐廳廚房打零工賺錢。聽完他的故事，真的讓我久久不能自己！

他告訴我，離開家鄉是因為幫ＮＡＴＯ北大西洋公約組織的軍隊工作，而成為塔利班口中的伊斯蘭教叛徒，名列在黑名單上。如果被抓，應該就是死路一條，所以在家人的幫助之下，搭上飛機到伊朗首都德黑蘭，之後步行、搭車經由土耳其進入德國。原本以為到了德國能得到庇護，但最後仲裁結果，法官依然認定他的處境沒有立即危險，要他回家去。

雖然沒有留下的資格，但也不需要立即出境，他給我看了一張有期限的難民簽證，只要他能在這個期限內找到工作就能留下。他說，他們統一住在政府安排的地方，十個人一間房，人多又吵雜，真的很難專心地學德文。我曾問過他，如果能選擇，他希望留在德國，還是回阿富汗？他眼神望向遠方說：「如果可以，我當然想回家。家人都在那裡，他們需要我，我也需要他們。」

那陣子，歐洲正好為是否接受難民問題發愁。德國總理梅克爾歡迎難民的政策，受到不少民眾質疑。說實話，要不是我和這些同學一起上過課，我也會持反對意見。但接觸越多，了解越多，除了珍惜眼前平淡的幸福之外，對於這些同學，幫不上忙的我也只有深深的同情。課程結束一陣子之後，發現一位同學在家附近的超市工作，為了避免尷尬，沒上前打招呼，但心裡默默為他高興，他的德國夢，已經有了入場券！

註：歐洲語言能力分為 A1、A2、B1、B2、C1、C2 六級，每一級的考試都包括聽力、口說、閱讀、寫作四種能力測驗，每個項目都要通過才行！

6

在德國養小孩

看醫生也可以很「自然」！

在德國看醫生，和台灣很不一樣！有專屬家庭醫生和完整的轉診制度。在台灣，診所大多是店面，無論是哪一科，任何人都能進去掛號看診。大家很習慣這間看看，覺得不行，就換另一間看看。在德國完全行不通！

首先，你必須要有個「Hausartz」家庭醫生（以下簡稱家醫）。這個醫生最好在家附近，因為之後無論大小病痛，身體不舒服，除非有立即的生命危險，不能往大醫院衝，得要先看家醫。有任何健康、衛教方面的問題，也是找家醫。少數專業科別，例如：牙科、婦產科、眼科等，可以直接就診外，其他科別需要家醫的轉診單「Überweisungsschein」，才能前往就診。

舉個例子，如果你感覺喉嚨有點痛，不能直接去看耳鼻喉科，必須先去看你的家醫。家醫會先幫你做治療，如果狀況沒改善，同意給你轉診單，你才能去耳鼻喉科掛號就診。因此有個好家醫，能準確判斷是否需要轉診，非常重要！我們的德國第一次看診經驗，就上了堂震撼教育。

到德國的第一個冬季，魚先生為鼻疾所苦，只會幾句德文的我們，不知道該怎麼辦？同事表示醫生通常會說英文，不至於有溝通不良的問題。於是，我上網找到一間在家附近，評價也不錯的診所。因為是初診，我們沒有預約，一大早直接到診所掛號。等待看診時，看到牆上掛著醫生到中國進修「針灸」的證照，和有中文字的掛圖，直覺醫生很樂於接受不同的文化，應該很好溝通！

大約過了半小時，護士叫我們到一個小房間等。原來，這裡不像台灣，醫生坐在診間，病人輪流進去（有時還不只一個，或是在外面候診也能聽到），而是病患在診間等，醫生在幾個診間輪流走動，有很高的隱私。沒一會兒，醫生來了。打了招呼之後，魚先生向醫生敘述他的問題，醫生拿起器材，看了一下鼻子，又用聽診器聽了胸腔，說：「你這是流感。多休息，之後我們再來看看，可以服用高劑量維他命C，提升免疫力。」魚先生的鼻疾持續有一段時間，我們非常確定跟流感無關。但醫生很堅持，我們只好摸摸鼻子走人。臨走前，櫃台小姐還問魚先生，三天的病假單夠不夠？讓我們哭笑不得，因為他除了鼻子，真的沒有任何不適，不需要休息啊！

遇到這位醫生堅持不用吃藥、轉診，我們也沒辦法。在國外，家庭醫生真的和「家庭」很有關係。好的醫生幫全家的健康把關，小孩也是從小看到大，醫病關係像親友一樣。看到這裡，大家應該能體會有個好家醫的重要性吧？

不過在德國，類似我們遇到的醫生不在少數。因為德國的醫療風格，走「自然療法」風(註)，傾向讓身體自己產生免疫力，盡量避免藥物、外力的介入。大家還記得，在台灣一度很夯，德國媽媽的濕毛巾綁腳退燒法？在德國的媽媽們都知道，除非小孩連續幾天高燒不退，否則不需要／不必去看醫生。因為醫生只會叮嚀要多喝水、多休息，不會開藥。他們認為，發燒表示身體在對抗，打完仗後自然會退燒，不需要刻意使用藥物，但如果媽媽不放心，或是自己不習慣這種療法，藥局的藥師還是能給一些成藥。

不使用藥物，也不是什麼都不做，生病就是讓人難受，要怎麼舒緩症狀，幫助身體打仗呢？其實，德國人很習慣生病時喝茶。不是像我們喝綠茶、紅茶，而是花草茶。走一趟類似康是美的藥妝店，會發現德國的保健商品非常齊全。從各種綜合維他命，到不同功用的茶：助眠、舒壓、助消化、感冒、喉嚨痛、咳嗽等，應有盡有，而且價錢非常親民！吃藥會傷身，補充維他命、喝茶總不會吧？再休息個三、五天甚至一週，不是什麼大病的話一定能痊癒！

同時我也發現，我們食療裡很喜歡用的「薑」，德國人也常用。每回有人說身體微恙，或是喉嚨有點不舒服，同事們總不約而同的說喝「薑茶」。他們不煮，也不加糖，而是把薑泡在熱水或茶裡喝。用薑來加強免疫力，和我們有異曲同工之妙，感覺好親切！不僅如此，中醫裡的針灸、拔罐，在德國也不少見！有次同事聚在一起不知道在看什麼，我湊過去發現，原來有個同事剛去物理治療師那「保養」完，做了拔罐，所以背上一圈一圈瘀青，其他同事感到不可思議。我當下覺得好有趣，德國人崇尚自然療法，把我們和他們半個地球的距離，瞬間變成一家親！

順便說明一下德國的健保制度，有公家保險和私人保險兩大類，可自行選擇。雖然說是公保，不像台灣是國家出面辦理，而是由幾家保險公司代辦，有選擇的空間。因為各家保費、提供哪些項目，有些許差異，例如有的牙齒保險可以一年免費洗一次牙。私人保險的好處是就醫迅速，因為有些醫生只收私保病人，不像公保人多要等，且保險涵蓋的項目也比較多，年輕的時候保費可能比公保低。聽起來好像私保比較好？不過，私保保費會隨著年紀越大越貴，結婚、生子後家人以人頭計費，總額算起來比公保多很多！重點是，一旦加入私保，要轉回公保過程很複雜，不可不三思。

註：德國是有名的另類醫療「順勢療法」起源國。這項療法主張如果某種物質會引發某種徵狀，將其稀釋之後服用，亦可幫助治療該症狀。簡言之是「以同治同」的概念。

生小孩第一關：找醫師、會發問?!

房子、工作、生活都安定下來後，我們計畫添一個家庭成員。但首先，得找個婦產科醫生。人生地不熟的我們，為了避免又遇到像那位家醫的狀況，請當外科醫生的房東，給我們一些專科醫生的名單，畢竟有人推薦比較有口碑。鼓起勇氣，用很基本的德語能力打到婦產科，表示要預約看診。沒想到，最快能約到的時間是兩個月之後！當時我還請對方重複一次，是兩個月無誤。就像前文所提，公保的醫生看診有限量，不會無限制接病人。因此，只要不急（他們不急的標準，是沒有生命危險），就是慢慢等。打到診所預約時，護士會判斷狀況，若當日真需要就診，還是可以到診所等待。

走在德國的街道，不像台灣，掛滿各式招牌，有時連警察局都找不到。診所通常在住商混合的大樓內，裡面的隔間也和公寓一樣，頂多在大門口牆上，掛一面 X X 醫生診所的牌子。不仔細找，根本不知道那裡有間診所。

當我在診間候診時，環顧四周，有點訝異，和我想像的不太一樣。德國是歐洲經濟龍頭，人民比其他歐洲國家有錢，但診所看起來設備有點老，有點陽春，連電腦都是舊型。後來醫師來看診，證實了我的疑慮，超音波機器聲音故障，也沒辦法印，醫生還跟魚先生說可以用手機照！我知道德國人很節儉，但開業診所機器有故障還繼續用，也著實讓人開眼界！

房東推薦的這位醫生，是位老太太，看起來經驗豐富、很親切，知道我們不太會德文，用不甚流利的英文試著和我們溝通。敘述完自己的狀況，醫生檢查完畢，問我們有沒有什麼問題？我一時也想不到。醫生又交代，生活一切照常，唯一要注意的是不要吃生食，便讓我們離開。

我們覺得這位婦產科醫生，比之前那位家醫好太多了，果然還是要有人推薦比較可靠。但接下來兩次，每次去，她看完例行檢查的數據，如果沒有異常，接著會問，有沒有什麼問題？如果我們沒有問題，這次看診到這裡結束，下次再見。幾次下來，覺得這樣不行，這是我們第一個小孩，對德國的孕期醫療給付也不是很清楚，哪些檢查是自費？哪些由保險給付？哪些自費檢查應該要做，還是完全沒概念。後來我倆積極從網路、魚先生的朋友那搜集資料，回診時開口問醫生，才發現醫生不是趕時間希望我們趕快走，也不是不樂意回答，而是真的要「有問才有答」。

比較了解德國之後，我覺得這和他們整個社會「風格」有關。德國社會，是運行在許多隱形的軌道上，從小，學校就會把這些規矩融合在教學之中，傳授給下一代。於是，大家都知道這些規矩代代相傳，讓德國社會一直穩定的運作著。不過，隨著全球化時代的來臨，人們在不同國家遷徙成為常態。問題是，我們這些外國人，並不熟悉這些規矩。在台灣，我們會很熱心、雞婆地和外國人解釋我們的風土民情，但德國人不會。就像這位醫生，她認為我住在德國，就應該知道產檢的流程，沒必要特別跟我解釋，如果我有任何問題會開口問。

看醫生這種情況還好，很多時候是越過雷池而不自知，一般我們會給外國人一點機會，但在德國人的邏輯：「住德國就要知德國事」之前，人人平等，沒有特權。不會因為你是外國人、初犯就比較寬容，有時給人滿大的心理壓力，不知何時又會犯錯。我完全同意入境要隨俗，但這個國家規矩還真不少！

知道醫生的邏輯後，我們每次看診前會做足功課。不過，又有件事讓我啼笑皆非！我屬於高齡產婦，在台灣一定得做羊膜穿刺，因此我一直在等醫生提起這件事。但等啊等，一直等不到，我們忍不住問起，她反應有點驚訝，好似羊膜穿刺是個奇怪、或不必要的檢查。同時，她也提到另一種血液檢查，有約九九％的準確度。

對我們來說，有點左右兩難，因為一種檢查有風險，另一種則不是百分百準確。一般我們不知如何決定時就是問醫生，對吧？所以我反問醫生，她的建議是什麼？沒想到醫生說：「我不是妳，不能幫妳做決定。」這樣說也沒錯，畢竟我們才是小孩的父母。不過，身為我的醫生卻不給建議，讓我這個習慣聽醫生話的台灣人好疑惑。不知哪來的靈感，我突然想到換句話說，問：「如果妳是我，妳會怎麼做？」

她聽我這樣問，馬上滔滔不絕地跟我說她的看法，大家猜猜是什麼？她居然表示，九九％左右的準確度已經很高，如果那極低機率發生就是天意。身為一個醫生，居然選擇天意而非科學？讓我對德國人避免侵入式醫療的態度，印象太深刻！同時，我也學到，原來跟德國醫生說話，要懂一點談判學，直來直往可問不出個所以然。她不是唯一持這種態度的醫生。另一位朋友遇到的醫生更誇張，也是連提都沒提，而且還跟她說：「如果檢查出有問題，妳會決定不生嗎？如果不會，那何必要知道呢？」

在德國生小孩的第一課：要會發問、習慣德式自然療法。前面還有很多關卡要闖，奇幻之旅，準備出發！

（後記）

他們之所以能說得這麼雲淡風輕，除了宗教信仰多少有影響之外，也是因為對於特殊的孩子，德國有很好的醫療、支持系統，不至於對家庭造成很大的負擔，等於是整個社會一起養這個小孩的概念。此外，大家可能不知道，德國對於墮胎的法令規定非常嚴格，診所即便是醫療項目之一，也不准公開寫出「墮胎」這個字，否則視為宣傳，會被罰款。

生小孩，中西超不同！

在台灣，找到一位好的婦產科醫生，從懷孕開始一路幫妳檢查，進產房幫妳接生，照顧妳直到出院。在德國生產分工很細，完全不是這麼回事。懷胎十月的過程中，所有的檢查都由開業醫，也就是診所醫生負責，但也僅止於基本檢查，例如：三次的一般超音波、抽血送驗等。比較特別的檢查，例如高層次超音波，因為一般的診所沒有精密儀器，醫生會轉介到專門的檢驗中心，很多項目要自費。以上這些都還好，讓我最驚訝的是，**醫生不負責幫妳接生！**

一般診所並沒有產房，生產要到大醫院，但診所的醫師並不會在醫院看診；相反的，醫院的醫師也不會在外開業。也就是說，開業醫負責孕期的照護；醫院醫師負責生小孩。十個月來，非常熟悉你狀況的醫生，不會在最終緊要關頭出現，完全是由陌生人接手。聽起來有點怪，可能他們真的非常信任專業吧？

以前的人是這樣形容生小孩：「生的過，麻油香；生不過，四塊板。」在科技儀器的協助下，生小孩不再是高風險的行為，但要讓陌生人接生，還是要有一點勇氣。更特別的是，幫妳接生的還不是醫生，而是「Hebamme」助產士，一個在台灣幾乎已經看不到的職業。

以我為例，早上九點多進醫院，到晚上十點多才生，中間還遇到日夜班護士、助產士換班，所以一開始照顧我的助產士，也不是最後幫我生的那一位。最後關頭，一直差臨門一腳，小孩就是不出來，這時醫生才出現。在醫生與助產士通力合作下，小孩順利誕生，醫生縫合傷口後，一切又交給助產士。當然，這些助產士都經過專門的醫學訓練（註），跟台灣舊時憑經驗累積的接生婆，還是有很大差別。

診所醫生不負責接生，生產的醫院，醫生也不會轉介，要自己找，而且不是心目中有屬意的醫院即可，**凡事要規劃、預約的德國人，連生小孩的醫院也要預約**。懷孕時，除了照顧身體，準備小孩的物品之外，還要找生產的醫院，孕婦也太忙了吧？我們的要求不多，重要的是，醫生、護士能用英文溝通，畢竟我們的德文程度，只夠應付日常生活，用德文看醫生還是天方夜譚！

要怎麼找醫院呢？各家醫院會有所謂的「Info Abend」產前導覽，一個月至少兩次，在某天晚上，有專人解說並帶著大家參觀環境和設備。離我家不太遠的醫院有兩三間，根據朋友們的經驗，其中兩間比較能用英文溝通。我預約了離家比較近的一間，懷著興奮的心情，準備去參觀將來可能是我生小孩的地方。

說明會在醫院裡的教堂舉行，到達會場時，發現有好多準爸媽，雖然醫生護士能用英文溝通，但說明會是全德文。我跟魚先生很努力地聽，還是有如鴨子聽雷，只能跟著看熱鬧。最後走到一間產房，裡面有各種幫忙產婦生產的設施，包括水中生產的浴缸。主講者一一介紹設備，我們覺得整體環境不錯，醫護人員態度友善，於是決定就是這一間了！跟主辦人表達意願後，醫院會安排一次面談，討論生產相關事宜，讓醫院了解孕婦的狀況。

德國崇尚自然醫療，對於生產，除非有生理因素無法自然生，或是產婦很堅持才會動刀。有朋友的小孩超過三十六小時還沒生出來，在台灣應該會建議剖腹，但德國助產士反而叫她下床走，熬到最後還是自然生！不僅不隨便剖腹，也不是很鼓勵無痛生產。德國施打無痛麻醉免費，在生產前的面談時會拿到表格，告知施打無痛的風險，簽好名在生產當天帶到醫院。

德國生產是一位產婦一間房，護士和助產士三不五時會來關心妳，察看狀況，從頭到尾不需要移動，先生也能全程陪同。不過，魚先生從送我進醫院到小孩出生，都穿著自己的衣服陪產，沒人要求他更換常見的綠袍；而護士、助產士，更是把用過的針筒直接丟進垃圾桶。其實，在平時產檢的診所，護士幫我打針、抽血或測血糖，完全不使用手套，只在手上噴消毒劑，有時還會順手把沾了血的棉花接過去；相較於台灣醫療機構，口罩、手套不離身，非常不同！

小孩呱呱落地後，臍帶還沒剪，助產士馬上把小孩抱給我，做第一次的親密接觸，然後問爸爸要不要剪臍帶？之後又忙進忙出，好一陣子才把小孩抱去清理，做基本檢查，教爸爸包尿布。助產士的清理只是簡單擦拭一下而已，小孩出生時頭髮濃密，上面都是黏液，助產士還交代不要太快清洗，真的是好「天然」的生產。

小孩清理好，醫生也縫完傷口，我被推到觀察室，那時已經過午夜，小孩在我身上沉沉睡著。助產士問我要喝什麼茶？我心想，我一整天都沒吃東西，你問我要喝什麼茶！沒多久，她端來一杯茶跟兩包「硬麵包餅乾」，生完的第一份點心，感覺好寒酸！

有經驗的朋友事先有叮嚀，面談時要先表示需要家庭房，雖然要自掏腰包，但絕對值得。德國一般是二十四小時母嬰同室，護士不會幫忙照顧小孩，一間病房有三位產婦加三個新生兒。訪客晚上八點要離開，爸爸也是，只有住家庭房可以留宿。我們雖然有預約，但家庭房是先佔先贏，偏偏秋季是生小孩的旺季，所以已經沒房了。

大約清晨三點多，我和小孩被推到病房，護士跟魚先生說要盡快離開。可憐的他，都沒睡還要獨自開車回家，一早又要來醫院。在醫院的三天兩夜，三個新生兒輪流「唱歌」，晚上又沒有幫手，媽媽們能休息的時間實在有限。加上醫院的伙食讓人一點食慾也沒有，睡不好又吃不好，媽媽很累！

前面提過，德國人習慣只有中午一餐熱食，沒想到，產婦也不例外。送早餐前，會有人來問今天要吃什麼？但選項只有哪種麵包，喝茶還是咖啡？早餐跟晚餐都一樣，麵包、乳酪跟火腿，只有茶或咖啡是熱的。對我們來說，生完應該要補，至少該吃營養一點吧？這種食物，比平時我在家吃的還簡單啊～隔壁床的產婦，媽媽來看她，居然還帶冰淇淋！和她們相比，我真的好像東亞病夫。幸好住三天就可以出院，我觀察到，不只是我，同住一房的媽媽們知道可以出院時，收拾東西的速度都很快！

回家後才是挑戰的開始，魚先生的家人只能來幾天探視小孩，我的家人又在半個地球之外，兩個新手父母得一肩扛起照顧的責任，好羨慕台灣有坐月子中心。德國人雖然崇尚自然療法，但還沒發展到有「坐月子」的概念，不知道為什麼要「坐月子」？生產之前我跟魚先生解釋過，他似懂非懂，但對我要在家煮中藥包而有濃濃味道的事沒有意見。所以趁回台灣的時候，帶了一個月份的中藥包，天不助自助，沒有月子中心，自己做月子。

雖然不做月子，對於產後照護，他們還是有一套系統。首先，除了醫院的接生助產士，還有另一種家訪助產士。接生助產士由醫院安排，家訪助產士則要自己找，但由健保給付。如果是出生高峰月，更是「一助產士」難求，最好從知道懷孕時開始打電話。生產前，助產士會協助妳準備各項迎接新生兒的事務，紓解產婦緊張的心情；產後則從產婦身體恢復、哺乳諮詢到新生兒照護，都在她們的工作範圍內。媽媽、小孩有任何問題，不用去看醫生，打給助產士就對了。有些助產士還會幫媽媽針灸、精油按摩舒壓、教授產後復健運動。相較之下，我的助產士有點兩光，只能提供很一般的服務，還常忘記或遲到。沒辦法，高峰月生小孩，有助產士就偷笑了。

近幾年，家訪助產士越來越難找，因為這個行業高壓、工作量大，薪水卻沒跟著調，讓重視工作生活平衡的年輕人，不願意投入。這幾年德國生育率微幅上升，更是雪上加霜。助產士短缺的程度，讓一些醫院不得不關閉幾間產房，許多準媽媽沒有助產士的協助，孤單無援，惡性循環！

除了家訪助產士，健保還提供媽媽們一些福利，例如十小時的產後恢復運動課程。讓媽媽們除了照顧新生兒之外，有機會一起運動，和其他媽媽交流。跟我們重視補身體、多休息的概念不同，他們注重身體的活動，覺得生完後完全不動根本不健康，也不能幫助身體回復。所以，即使天氣有點冷，媽媽們還是會把小孩包好，推出門去散步、喝咖啡，幾星期大的小孩也照樣帶出門。

我還記得，後來到婦產科回診，醫生看到我劈頭就問：「小孩呢？」我們的觀念是，這麼小的小孩盡量不帶出門，更不用說帶去診所。但他們完全不介意，還因為我沒帶小孩去有點失望！東西方觀念真的差很多。

註：德國助產士法規定，醫生不能在沒有助產士陪同的情況下接生；但合格的助產士可以獨自完成這個工作，可見助產士有多專業！

德國的「助養」政策

台灣的生育率，近幾年來一直處於吊車尾狀態，而且是世界各國之末。根據調查，不生的原因主要有兩個：覺得養不起，或是不想改變現有的生活型態。無論是哪一種，都跟養小孩的花費有關係。政府為了刺激生育率，推出各項育兒津貼，但情況似乎沒有明顯改變，大部分的人還是認為養小孩很貴，津貼是杯水車薪。加上三歲之前托嬰不易，公立幼稚園中籤率和中樂透差不多，都讓雙薪上班族，不想生養小孩。

和台灣相比，德國的「助養」政策，真的好很多！只要有在德國繳稅，不是德國籍也能有同等福利。

從懷孕開始，各項基礎檢查，都由健保負擔，完全免費，一位太太也是外國人的同事就曾和我說過，生小孩都沒花到錢。小孩出生之後，媽媽有八週的產假，父母兩人加起來可以有十四個月的有薪「Elterngeld」育嬰假。請領的金額，從三百~一千八歐元不等（註1），所以生養小孩，不只是媽媽一個人的事，政府也鼓勵爸爸參與。事實上，在歐洲的公園、遊樂場，很常見到爸爸獨自一人帶小孩出門。

不只育嬰假可領錢，從小孩出生開始，政府每個月會給付「Kindergeld」兒童金，每個小孩最少可領二百多歐元，第三個小孩起領得更多。兒童金至少可以領到十八歲，如果繼續唸書，最長可領到二十五歲。難怪有人開玩笑說，那些從經濟較差國家到德國的人，拼命生，生四、五個小孩，比去工作的薪水還高！錢的問題比較好解決，難解決的是，育嬰假後，誰來照顧小孩？在台灣的朋友，很多都是請媽媽或婆婆支援。但相信很多人像我的狀況一樣，沒有家人可以幫忙，得花錢請保母，不然則送私立托嬰中心，再不然就是父母一人全職帶小孩。

德國在這方面比台灣好，幼兒照顧系統從一歲（一歲前要托嬰也可）開始，可以選擇送「Tagsmutter」（保母）或是「Kinderkrippe」（托嬰中心）。收費標準公私立、各個州、各個城市都不太一樣，很多是按照家庭收入計算，有些還有兩個小孩只收一個費用的優惠，一般家庭不至於負擔不起。三歲之後每個小孩就正式有上學的「權利」，政府有義務幫小孩找到幼稚園。因為縱然德國生育率不高，在很多地方，托嬰、幼稚園還是一位難求，從懷孕起就去登記開始排隊，不是新聞。

另外，德國有種「Mini job」迷你工作制度，一週工作不超過二十個小時，月薪四百五十歐元。這種工作，非常適合選擇陪伴小孩長大的媽媽們（註2）。媽媽除了賺一點零用錢，也不至於因為生養小孩，完全切斷和職場的聯繫。對雇主來說，這種短工時的人力，更符合營業成本需求，是一項全贏的政策。

政府發補助金、積極擴增托嬰系統、幼稚園制度，但德國生育率卻一直都不高。歐盟國家之中，出生率吊車尾的兩個國家是德國和義大利，在二〇一三年之前，德國常常和義大利競爭最後一名的寶座。近幾年因為非德籍人士湧入，才拉高了德國的生育率，這也是為什麼會有人說多生幾個不用去工作的玩笑話。

德國婆婆、媽媽會想要玩孫，但一來不一定住得近，二來不見得願意幫忙帶孫，畢竟偶爾玩一下和每天照顧，差別很大。他們很注重每個人是獨立的個體，前面提過，就算家人間要互訪，也得先約好時間，不能到家門口按電鈴。父母親雖然退休，好不容易把自己的小孩養大，工作也告一個段落，有自己的生活要過。在他們的想法裡，犧牲自己、幫忙小孩是不存在的。既然決定要生，就要自己想辦法，而不是丟給爸媽。聽起來好冷酷，但自己的人生自己負責，很多事情因為這種邏輯，變得簡單多了！

此外，提倡兩性平等觀念的德國，很多女性也希望在職場上有一番發展。雖然說政府提供很多支持性政策，像前面提到，產假從預產期前六週開始，雇主在知道員工懷孕後，不得用任何理由辭退，育嬰假期滿可以托嬰，有在家上班或彈性上班時間等選擇，但隱形天花板還是存在（註3）。雇主不辭退你，但可以把你發派邊疆；某幾天在家上班或是彈性工時，很難全力衝刺事業；小孩上學容易生病，還是得有一方請假照顧。這些情況，都會影響女性在職場上的表現。基於以上的原因，很多志在職場的女性，對於生小孩還是有些卻步，如果不是很喜歡小孩，不生也無妨，所以德國的生育率一直不高！

說了這麼多，我們家呢？雖然我和魚先生都有工作，但無論是職涯發展或薪水，我都差他一大截。所以，我們完全從現實面考量，由我請一年育嬰假在家當全職媽媽。從前任教時，看到許多因家庭因素而出現偏差行為的學生，當時就有個想法，有朝一日生小孩要自己照顧，但在德國當全職媽媽有點孤獨！

來自亞熱帶的我們，還是不習慣在氣溫偏低的日子帶小孩趴趴走；除了公園、綠地之外，遛小孩的地方有限，交通也不見得方便。在家裡，整日聽不見人聲、車聲，是稀鬆平常的事（德國人就是愛安靜，我還怕小孩吵到鄰居）。不過，我心裡很清楚，這是階段性的任務，當一方攘外，另一方勢必要安內。

現在回想起來，很慶幸能在保有工作之餘，在小孩出生後親自照顧一段時間，覺得很感恩。我想，這也是很多媽媽心裡所期盼，但未必能實現的願望。

註1：Elterngeld（父母金），以前一年的稅後收入的六五～六八％來計算，無收入的家庭主婦領三百歐元，最高以一千八歐元為限。有薪育嬰假可展延為兩年，但補助的總金額不變，等於每個月領一半，分兩年領完。

註2：如果男女雙方薪水有差距，收入較少的那一方，要負擔很重的稅賦，而通常都是女性。一位有正職的媽媽，可能稅後的收入比四百五十歐多一些，但又因為家庭收入增加，托嬰費用較高，全職上班時間較長，能陪伴小孩的時間相對少。整體計算下來，不一定划算！

註3：德國女權已經很不錯，但根據調查，德國男性和女性的收入仍有二〇％左右的差距。也就是說，同樣的工作，女性的薪水是男性的八折。

小孩的專屬醫生

德國政府除了提供福利金、托嬰支援之外，對於小孩的健康也非常重視。

小孩出生後，會拿到一本健康手冊和疫苗接種小黃冊。從出生到五歲左右，總共有九次「Vorsorge-untersuchungen」（兒童健檢），簡稱U1-U9。健康手冊裡，完整印製全部的檢查項目和時間表，父母得按時帶小孩讓「Kinderarzt」（兒童醫生）檢查。醫生除了在電腦系統上紀錄之外，也會在手冊裡詳細寫下小孩的成長狀況。若時間到了未受檢，健保系統還會來信提醒。德國的兒童醫生，和我們的小兒科類似，從出生到十六、十七歲，甚至十八歲，都在兒童醫生那看診。一些比較小的城鎮，可能沒有專門的兒科醫生，可以由家醫代替。

跟托嬰、幼稚園一樣，好的兒童醫生也不好找，因為有病人人數總額限制。加上我們又希望能夠用英文溝通，離家不要太遠。評價好的診所，真的一位難求，大家給的建議，都是在懷孕期間就得開始尋找合適的兒醫。很幸運地，透過熟人介紹，我們找到一位離家近、來自中美洲的醫生，英文很好，溝通完全沒問題，診所上下對病人的態度也相當不錯。

身為無後援的新手爸媽，小孩一有什麼不對勁很容易緊張，但醫生都很有耐心地聽我們說，檢查過程中所做的每個動作也一一解釋原因，讓人非常放心。也是她教會我們怎麼拍嗝、怎麼清小寶寶的鼻涕等。看兒醫跟其他醫生一樣，小孩先進去消毒過的診間等醫師，比較特別的是，這裡做例行檢查要脫光衣服，除了尿布什麼都不穿。而且醫生放假時間，會和附近的兒醫錯開，萬一診所沒開，小孩有狀況，可以先到其他兒醫那裡去就診。

我認為德國的兒童健檢制度，對於小孩的身心發展有很大的幫助。在台灣通常都是憑婆媽或保母的經驗，感覺哪裡不對勁，再由醫生確認，有時會延誤黃金治療時間。這裡由一位專業的醫生，從小孩出生起追蹤所有的發展，若有什麼異常，能早期發現，早期治療。舉例來說，新生兒一個檢查的重點是髖關節，早期發現問題的話，用矯正帶矯正，可避免挨刀之苦；還有視力、聽力的檢查也是重點，我的小孩就是受惠者。

在例行檢查的過程中，醫生懷疑小孩可能有斜視，開了轉診單，請我們帶去眼科做進一步檢查。我打了好幾間眼科診所，發現德國眼科還細分出一歲以下的寶寶眼科，不是每間眼科都能做這種檢查。慎重起見，我們找了兩間有寶寶眼科的診所，還好一切正常，虛驚一場！

另一件事，則讓身為陽光充足，南國台灣人的我非常驚訝！歐洲北部普遍缺乏充足日照，這裡的小孩從出生起，開始補充維他命D，一直到2歲。其實不只小孩，冬季時因為日照更短，連大人情緒都會受影響，容易陰鬱。除了一直告訴自己要正面積極、多到戶外活動之外，有些人還會買「日照燈」，在家裡補充日照，據說真的有點幫助。

整體來說，在德國生、養小孩的過程，雖然不容易，但關關難過關關過，遇到很多貴人幫忙，其中小孩的兒醫功不可沒！讓無後援的新手父母，有個能信任的諮詢對象，面對問題時不至於手忙腳亂，是我在德國的生活中很棒的一個經驗！

後記

疫情下德國的改變

二〇二〇年初新冠病毒疫情，從亞洲燒到歐洲，德國控制得不錯，沒有嚴重到需要像義大利、西班牙一樣封城。但疫情之下，誰也不敢輕忽大意，對於一般民眾的生活還是造成影響，甚至改變了幾項德國人一直以來堅持的習慣。

首先，偏好使用現金的德國人被迫改變。前文提過，德國人不喜歡「預借現金」的概念，有多少花多少，就算是馬上扣款的 Visa 金融卡，因為看不到數字，還是覺得沒有安全感，拿在手上看得到摸得到的現金才實在。但偏偏鈔票、零錢，也是病毒散播的媒介之一，使得政府不得不宣導，盡量不要使用現金！有些商店為了自我保護，也貼出只能刷卡的公告，還提供免按密碼 contactless

的刷卡服務。防疫期間，在病毒面前，德國人也不得不低頭，再怎麼不情願，也得加入「現代」的社會。對於他們來說，算是一個很大的轉變。只不過，德國會不會因此在這方面有新的進展，要看疫情過後，他們選擇回到從前，還是擁抱新科技。

另外，為了減少群聚感染，大家非必要不出門。大部分的公司、機構，也讓員工在家上班。看似簡單的一件事，對各公司的ＩＴ部門卻是項很大的挑戰。

德國網路原本就落後先進國家一大步，突然間，大家都要遠距上班，光是公司內部更新系統就是個大工程，遑論跑不太起來的網速和承載量。前同事就抱怨，網路斷斷續續，同樣的工作量，卻要花更多時間完成，而且要很有耐心和網速抗戰。不過，一些電商因禍得福，網購的人大增，不只是衣服、日用品，更多是超市和食品。腦筋動得快的商人，推出三餐配送的服務，幫你把三餐的菜色都搭配好，宅配到家，受到很多天天煮三餐，煮到不知道要煮什麼的主婦青睞。

開始使用卡片、網購、遠距工作，大家也因此開玩笑說，疫情把德國一把推進「科技」時代。

除了吃，大家每天有更多時間待在家，也願意花錢把住家環境改造得更舒適。根據統計，非必需的家用電器，例如無線吸塵器、洗碗機等的訂單，有明顯地成長。朋友住在一間DIY商場旁邊，她說疫情開始後，商場的生意反而比以前更好。一些被迫放假的人，可能趁機找點事情做；之前拖著沒修繕的東西，剛好趁現在動手。不可諱言，許多人認為在家的時間不長，對住家的一些缺點，睜一隻眼閉一隻眼。但在疫情期間，深刻體會有個舒適的家的重要性。家有幼童的父母更表示，如果將來有機會搬遷，傾向選擇有院子或花園的住家，就算不出門，小孩也能有活動的空間。

還有一個台灣人拍手叫好的改變，就是大家開始戴口罩。台灣的疫情之所以控制得好，口罩功不可沒！戴口罩對我們來說，是保護自己也保護別人，平時有小感冒，戴上口罩是公德心的表現。但德國人認為，只有重病（真的是病得非常虛弱那種）的人才需要戴，所以在疫情初期，零星傳出亞洲人戴口罩被攻擊的事件。許多旅外僑胞也表示，自己戴口罩走在路上，面對異樣眼光有心理壓力。現在整個情況大逆轉，德國政府祭出搭乘大眾運輸、進入商店等密閉空間，一定要戴口罩的規定，讓僑胞們鬆一口氣，口罩成了每日的「裝扮」之一，也不再被當成異類看待。

不過，有主見的歐洲人，不是政府說什麼就做什麼。八月初，首都柏林聚集了將近兩萬人，遊行抗議「戴口罩」這項規定。這些人沒保持社交距離，當然也沒戴口罩。他們的主要訴求，是這項規定太侵犯人身自由，標語上寫著「戴口罩讓我們成為奴隸」等字眼。一向遵守規矩的德國人，怎會有這些動作？沒錯，大部分的德國人是遵守規矩的，不過當然不是百分之百，每個國家都有不同意見的人。據了解，這些遊行的團體包括：反疫苗人士、極右派人士、政府陰謀論人士等，還有些人至今仍覺得新冠病毒疫情不存在，只是嚴重一點的流感而已，對他們來說，當然不必要戴口罩。

抗議歸抗議，**這波疫情，著實讓很多人重新審視自己的生活，包括身、心、靈，以及和家人、朋友的關係。**

平時生活繁忙，疫情突然讓大家多了時間能靜下來思考，哪些是真正需要、有意義的人事物。以前想做的事，總是有藉口延宕；現在看到每日因病去世的人數不斷增加，大家驚覺人生無常，領悟把握當下、立即行動的重要。有個朋友，毅然決然搬離喧囂的大城市，享受嚮往已久寧靜的小鎮生活。有些人則趁機清理身體、人際關係和生活環境，斷捨離多餘的體重、虛幻的友情和在某個角落積灰塵的無用之物。

這波疫情驅使大家開始審視自己的內在自我，拉大與陌生人的距離。疫情舒緩的時期，正好是夏季度假高峰，以往德國人熱愛前往西班牙小島馬約卡度假，如今因為搭飛機的疑慮，紛紛留在國內旅遊；原本取消邊界管制的歐盟，在疫情肆虐下又拉起隱形管制線，以前隨便開個車就跑出國，現在出發前要先確認能否成行。

短時間內，疫情不會消失，但生活還是要繼續。學習跟疫情和平共處，是二〇二〇年開始，大家共同的課題。

2AF355

打開德國說亮話！

守規矩卻愛插隊、嗜吃生豬肉、不在計畫內就抓狂，旅歐文化觀察家的第一手現場筆記

作　　者　琵雅諾
責任編輯　李素卿
主　　編　溫淑閔
版面構成　江麗姿
封面設計　小美事設計侍物

行銷專員　辛政遠、楊惠潔
總 編 輯　姚蜀芸
副 社 長　黃錫鉉

總 經 理　吳濱伶
發 行 人　何飛鵬
出　　版　創意市集

發　　行　城邦文化事業股份有限公司
歡迎光臨城邦讀書花園
網址：www.cite.com.tw

香港發行所　城邦（香港）出版集團有限公司
香港灣仔駱克道 193 號東超商業中心 1 樓
電話：（852）25086231
傳真：（852）25789337
E-mail：hkcite@biznetvigator.com

馬新發行所　城邦（馬新）出版集團
Cite（M）Sdn Bhd
41, Jalan Radin Anum, Bandar Baru Sri Petaling,57000 Kuala Lumpur, Malaysia.
電話：（603）90578822
傳真：（603）90576622
E-mail：cite@cite.com.my

印　　刷　凱林彩印股份有限公司
2023 年（民 112）7 月
Printed in Taiwan
定　　價　350 元

客戶服務中心
地址：10483 台北市中山區民生東路二段 141 號 B1
服務電話：（02）2500-7718、（02）2500-7719
服務時間：周一至周五 9：30 ～ 18：00
24 小時傳真專線：（02）2500-1990 ～ 3
E-mail：service@readingclub.com.tw

※ 詢問書籍問題前，請註明您所購買的書名及書號，以及在哪一頁有問題，以便我們能加快處理速度為您服務。

※ 我們的回答範圍，恕僅限書籍本身問題及內容撰寫不清楚的地方，關於軟體、硬體本身的問題及衍生的操作狀況，請向原廠商洽詢處理。

※ 廠商合作、作者投稿、讀者意見回饋，請至：

FB 粉絲團・http://www.facebook.com/InnoFair

Email 信箱・ifbook@hmg.com.tw

若書籍外觀有破損、缺頁、裝訂錯誤等不完整現象，想要換書、退書，或您有大量購書的需求服務，都請與客服中心聯繫。

國家圖書館出版品預行編目（CIP）資料

打開德國說亮話！守規矩卻愛插隊、嗜吃生豬肉、不在計畫內就抓狂，旅歐文化觀察家的第一手現場筆記 / 琵雅諾 . -- 初版 . -- 臺北市 : 創意市集出版 : 城邦文化發行 , 民 109.11
面；　公分

ISBN 978-986-5534-17-2(平裝)

1. 社會生活 2. 文化 3. 德國

743.3　　109014275